HANS JÜRGEN KUGLER

VON AFTERSTEG BIS ZIPFELDOBEL

Kuriose Ortsnamen in Südbaden

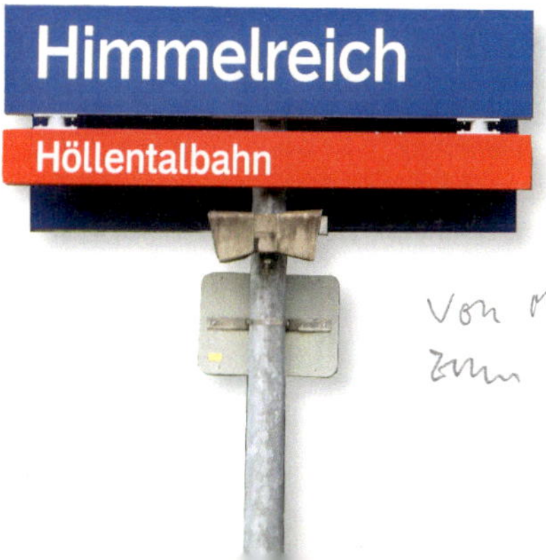

Von Mutti
zum Georgstag 2015

Kiosk

HANS JÜRGEN KUGLER

Von Aftersteg bis Zipfeldobel

KURIOSE ORTSNAMEN IN SÜDBADEN

Silberburg-Verlag

Hans Jürgen Kugler, geboren 1957 in Villingen. Studium der Philosophie und Germanistik in Freiburg. Freiberuflicher Journalist, Autor und Lektor, schreibt regelmäßig für die »Badische Zeitung«, für verschiedene Literaturzeitschriften und für die Bühne (»Aus dem Staub«). Ausgezeichnet beim Wissenschaftler-und-Journalisten-Wettbewerb Hauptsache Biologie. Lebt bei Freiburg.

Bildnachweis: Monika Biallass: 91. – Norbert Blau: 57. – Felix Boboiser: 109. – Matthias Bumiller: 16. – CrazyD: 99, 113. – Flominator: 13, 105. – Hungchaka: 75. – Norbert Hüttisch: 73. – Kalte_Herberge_jm1517.jpg © Jörgens.mi / CC-BY-SA-3.0 (via Wikimedia Commons): 58. – Pano_Pfaffenweiler_jm12170_jiw.jpg © Jörgens.mi / CC-BY-SA-3.0 (via Wikimedia Commons): 86 – © Robin Krahl, cc-by-sa 4.0. Source: Wikimedia Commons: 29. – Hans Jürgen Kugler: 10, 14, 23, 26, 33, 35, 39, 43, 50, 53, 60, 82, 85, 88, 93, 103, 107. – Dr. Eugen Lehle: 21. – Mat neu: 62. – Memorino: 64 – picture alliance/dpa: 119. – Rauenstein: 18, 79, 95. – Dominic Rock: 8, 54. – Silberburg-Archiv: 48, 116. – Wladyslaw Sojka, www.sojka.photo: 66, 69, 71, 77, 114. — Sverdrup: 36. – Andreas Schwarzkopf: 31, 46, 101, 110, 120. – Thomwiesel: 123. – tritschi: 97.

1. Auflage 2015

Umschlaggestaltung: Anette Wenzel, Tübingen
unter Verwendung eines Fotos von Dominic Rock.
Gestaltung und Satz: Patricia Keßler, www.kohler-media.com.
Druck: Gulde-Druck, Tübingen.
Printed in Germany.

ISBN 978-3-8425-1386-0

Inhalt

Vorwort 9

Achkarren – Charly, ein ganzer Kerl 10
Aftersteg – Vom Steg zur Füdlebrugg 11
Aha – Mit allen Wassern gewaschen 12
Ambringen – Vom Bad zum Wurstsalat 13
Amoltern – Von Kirschen und Königinnen 15
Au – Nichts für Wehleidige 16
Auggen – Von Kaisern, Kröten und Grünflächen 17
Bad Krozingen – Von Basel nach Mainz 19
Bahlingen – Baldo, der Häuslebauer 20
Biederbach – Widerspenstige Bürger und bauwütige Biber 21
Bischoffingen – Der Bischof hält Hof 22
Bleichheim – Glanzvolle Gewässer und faulende Bäche 24
Blodelsheim – Von wegen blöd 25
Bötzingen – Wo der Bär tanzt 26
Breisach – Kelten und römische Hilfstruppen jeden Alters 27
Broggingen – Procho und der Investiturstreit 28
Denzlingen – Von Wilden und ausgestorbenen Dörfern 29
Ebringen – Eber oder Ebur, das ist hier die Frage 30
Ehrenkirchen – Wer hat's erfunden? 32
Ehrenstetten – Wenn Frauen wettern 33
Eichstetten – Keine Eichen 34
Elzach – Eilige Wasser und häufige Erlen 36
Emmendingen – Anmutige Emmendinger? 37
Endingen – Alles andere als am Ende 38
Ettenheim – Heimat des Fälschers 39
Forchheim – Die Kartoffelmetropole 40
Freiamt – Kein Anschluss unter dieser Nummer 41
Freiburg – Hat was, alle suchen 42

Gescheid – Hier scheiden sich die Geister 44
Grunern – Nicht so grün 45
Gupf – G'hupft wie gesprungen 46
Gutach – Alles gut in Gutach 47
Hach – Vom Zaun zum Ritter 49
Heiterheim – Amor über alles 50
Herbolzheim – Vom Ei zur Henne 51
Himmelreich/Höllental – Himmelfahrt und Höllenritt 52
Horben – Hoch oben im Sumpf 55
Jechtingen – Von der Jungsteinzeit bis zum Burgfräulein 56
Kalte Herberge – Kalte Gerichte und alte Gerüchte 57
Kenzingen – Karl der Dicke, Otto der Große und Canzo der Ungewisse 59
Kirchhofen – Wein und Gebet 60
Kollmarsreute – Aussiedlerhof der Emmendinger 61
Köndringen – Echte Römer und falsche Urkunden 62
Königschaffhausen – Kein König weit und breit 63
Laufen – Auf dem Bettlerpfad 64
Lausheim – Ganz im Geheimen 65
Lörrach – Von Vögeln und Bäumen 65
Maleck – Maler und Ehestifter 67
Malterdingen – Wo Malthart metzgert 68
Maulburg – Vom Mahl zum Maul – sozusagen von der Hand in den Mund 69
Merzhausen – Wieder mal die Römer 70
Muggenbrunn – Herr Mugge und die Mucken 71
Mummelsee – Mehr Rummel als Mummel 72
Müllheim – Hat nun gar nichts mit Hausmüll zu tun 74
Mumpf/Obermumpf – Die Länge macht's 76
Münstertal – Von Monstern und Mördern 77
Nimburg – Neue Burgen und felsige Berge 79
Nonnenweier – Nichts ist's mit der Nonne im Bade 80
Nordschwaben – Wo Schwaben an ihre Grenzen stoßen 80
Norsingen – Seit jeher Fernverkehr 81
Oberried – Von der Wurzel her 83
Oberschaffhausen – Wo die Schäflein säuberlich getrennt sind 84

Offnadingen – Von Oftman zu Hoffmann 85
Pfaffenweiler – Wo Pfaffen sich zum Affen machen 86
Reute – Rustikal gerodet 87
Rheinhausen – Von unten nach oben zum Rhein 88
Riegel – Allen Regeln gerecht 89
Rieselfeld – Leise rieselt die Sch… 90
Sasbach – Sachsen und Ottos 91
Scherzingen – Kein Witz 93
Schlatt – Mit allen Wassern gewaschen 94
Schlechtnau – Gar nicht so schlecht 95
Schupfholz – Wilde, öde Gegend 96
Seppenhofen – Der Hassprediger auf dem Scheiterhaufen 97
Sexau – Von den Reizen der Natur 98
Siehdichfür – Zu Hause lauert der Tod 99
Siegelau – Der gezähmte Löwe 100
Sölden – Arme Bauern und andere Tagelöhner 101
Staufen – Saufen in Staufen 102
Sumpfohren – Kein Sumpf, sondern Kiefern 104
Titisee – Nichts für Spanner 105
Totenkopf – Wo die Köpfe rollen 106
Tunsel – Von Hügeln und Haufen 107
Tutschfelden – Tutos Feld 109
Vörstetten – Weit und breit 110
Wagenstadt – Von Wagen, Wassern und Wiegen 111
Waldkirch – Im Wald und auf der Insel 112
Weil – heißt Weil, weil … 114
Wettelbrunn – Wetten, dass …? 115
Winden – Wo die Vandalen hausten? 117
Wyhl – Vom Verlöschen kleiner Lichter 118
Yach – Jach? Iach? Eyach? Oder Üach? 120
Zarten – Hinter Zarten vor vielen Jahren 121
Zipfeldobel – Vom Zipfel zum Gipfel 122

Literaturverzeichnis 124

Vorwort

Namen sind Schall und Rauch. Aber jeder Name hat auch seine eigene Geschichte – und kann Geschichten erzählen. Die Geschichte von Ortsnamen beispielsweise beschränkt sich nicht nur auf die erste urkundliche Erwähnung in diversen Archiven, sondern lässt sich oftmals auf noch ältere Quellen zurückführen.

Und das im wahrsten Sinne des Wortes: So wird das althochdeutsche *Aha* zum Aha-Erlebnis, wenn man weiß, dass unsere germanischen Altvorderen mit *Aha* ein fließendes Gewässer bezeichneten.

Auch dürfte nicht allgemein bekannt sein, dass Lausheim nun rein gar nichts mit Läusen, die Schwarzwaldgemeinde Biederbach hingegen sehr viel mit Bibern zu tun hat. Oder dass das Höllental seinen Namen den Franzosen und der Titisee den seinigen womöglich einem römischen Feldherrn verdankt.

Gute Geschichten sind neben der Nachrichtenvermittlung seit jeher das Metier von Tageszeitungen. Dieses Buch enthält die Beiträge mehrerer Serien aus der Badischen Zeitung, in denen nach gründlicher Recherche der Herkunftsgeschichte kurioser oder sonst wie eigentümlicher Ortsnamen im südbadischen Raum auf amüsante und kurzweilige Weise nachgegangen worden war. Für die Buchveröffentlichung wurden viele der Geschichten überarbeitet und aktualisiert und mit einer ganzen Reihe weiterer Artikel ergänzt.

Hans Jürgen Kugler

Achkarren

Charly, ein ganzer Kerl

Der Sage nach hatte der Herr von Höhingen so seine Schwierigkeiten, als er auf dem Schlossberg hoch über dem Ort seine Burg errichten ließ. Der Hang war so steil, dass es immer wieder zu Problemen mit dem vollbeladenen Materialwagen gekommen war. Kaum hatte man den Wagen mit viel Mühe nach oben gezogen, machte er sich kurz vor dem Ziel selbstständig und donnerte talwärts, was den Schlossherrn in spe zu dem spontanen Ausruf veranlasst habe: »Ach, Karren!«

Eine zwar populäre, aber nicht unbedingt plausible Geschichte, wie Achkarren zu seinem Namen gekommen sein soll.

Die erste belegte urkundliche Erwähnung Achkarrens als *Hatcharl* stammt aus einer Übertragung an das Kloster Ottmarsheim durch König Heinrich IV. im Jahre 1064. Spätere Nennungen wie *curtis* (= Hof) *de hatekarle* oder *Hachekarle* 1184 lassen den Schluss zu, dass es sich bei Achkarren vielmehr um eine Verballhornung handelt, die auf eine Verbindung mit einem Personennamen zurückzuführen ist.

■ *Schon 1360 existierte eine »ecclesia Achkarren«.*

Dem Heimatforscher Adolf Sutterer zufolge wurde Achkarren als eine Ausbausiedlung aus fränkischer Herrschaft gegründet. Um das Jahr 600 n. Chr. soll sich ein gewisser *Haducharl* (von althochdeutsch *hadu* = Krieg, Streit, und *charl*, was heute so viel wie »ganzer Kerl« hieße) mit seinem Clan hier niedergelassen haben. Charly also, der alte Haudegen, der Schlachten und des ziellosen Umherirrens müde geworden, habe sich endlich mit Weib und Gefolge zur Ruhe gesetzt und im Kaiserstuhl ein ruhiges Plätzchen für seinen Lebensabend gesucht? In der Tat, so ganz von der Hand zu weisen wäre dies nicht. Der Name *Haducharl* verschliff sich irgendwann zu *Hatcharl*, dem wir so in der ersten urkundlichen Erwähnung von 1064 begegnen. Im Laufe der Zeit wurde daraus *Ahtekarl* (1147), *Artkarle, curtis de Aktekarl* (1179) oder *Achtekarle* (1184). Und schon 1360 wird eine *ecclesia* (Kirche) *Achkarren in decanatu Endingen* mit dem heute noch gebrauchten Namen genannt.

Vom Steg zur Füdlebrugg

Aftersteg: ein Name, den man sich vielleicht nicht unbedingt auf der Zunge zergehen lassen mag, der aber ansonsten durchaus zu denken geben kann. Und es ist nicht unbedingt ein Schelm, wer Arges dabei denkt. Auf jeden Fall aber kein Engländer, denn dieser verbindet mit dem Wörtchen »after« nichts anderes als »nach«, »später« oder eben auch »hinter«. Und mit »hinter« wären wir auch bei der eindeutig zweideutigen Bezeichnung im Deutschen angelangt. Das althochdeutsche *aftero* nämlich bezeichnet im allgemeinen Sprachgebrauch ebenfalls nichts anderes als »hinter« oder »nachfolgend«. Im Niederdeutschen wurde übrigens später »achtern« daraus, was in der Sprache der Seefahrer bis heute gebraucht und in Wikipedia nicht gerade standardsprachlich wie folgt definiert wird: »Achtern ist alles, was auf einem Wasserfahrzeug achterlicher als querab liegt (hinter der Mitte; vorn ist der Bug, hinten das Heck) – das Achterschiff.«

Doch zurück nach Aftersteg. Der Ortsname wird erstmals um das 14. Jahrhundert in den Büchern des Klosters St. Blasien erwähnt, wo dazu vermerkt ist, dass es sich um eine Siedlung

»nach dem Steg« handelt. Es gab also damals über den Stübenbach unterhalb des Wasserfalls nur einen Steg, und die von den angesiedelten Bergleuten bewohnten ursprünglichen sieben Höfe bildeten die Siedlung *Nach dem Steg*, also *After-Steg*. So jedenfalls die offizielle Erklärung der Gemeinde Todtnau, der wir nichts hinzuzufügen haben. Außer vielleicht den Hinweis einer ehemaligen Einwohnerin, die den Ort von Kind an als *Füdlebrugg* kennengelernt hat.

Mit allen Wassern gewaschen

Als spontaner Ausruf bedeutet »Aha« in der Regel, dass alles klar ist. *Aha* als Name einer Ortschaft allerdings wirft ganz neue Fragen auf: Wie kommt Aha zu einem so einprägsamen wie ungewöhnlichen Namen, woher stammt diese Bezeichnung, und warum eigentlich nicht »oha!« oder »Ach so«?

Wie bekannt, liegt der Schluchseer Ortsteil Aha an der Westspitze des Schluchsees, im Mündungsbereich des *Aha*-Baches. Und klar wie Schwarzwälder Quellwasser ist damit auch schon die Herkunft des Namens. Das althochdeutsche Wort *Aha*, mittelhochdeutsch *Ahe*, bedeutet nichts anderes als Quelle oder Wasser und ist eng verwandt mit dem lateinischen *aqua* (vgl. *Bleichach*). Von daher dürfte klar sein, dass die Siedlung von ihren Gründern als eine »Siedlung am Wasser, an der Quelle des Aha-Baches« benannt wurde.

Sprachlich nahe verwandt mit *Aha* ist die *Aach*, der Name gleich mehrerer Flüsse, die den Bodensee speisen. Auf dieselbe Wurzel gehen auch die Ortsnamen Aach zurück. Noch klarer wird die Quellenlage beim *Aachtopf* bei *Aach* im Hegau, die als wasserreichste Karstquelle Deutschlands gilt. Dieser Quelle entspringt die Radolfzeller *Aach*, die in den Bodensee mündet. Die

■ *Er ist ohne Zweifel einen begeisterten Ausruf wert: der Anblick des Schluchsees bei Aha.*

Aach als Gewässername findet sich zudem auch ohne ein zweites A bei vielen anderen Flüssen, wie in der *Gutach* (gute Ach), der *Wutach* (wütende Ach), der *Brigach* (keltisch: Bergfluss) und – ach! - sogar im allseits bekannten: Bach.

Vom Bad zum Wurstsalat

Die Weiler Oberambringen und Unterambringen, beide Ortsteile von Kirchhofen, können auf eine lange Geschichte zurückblicken. Auf diese ehemals nicht ganz unbedeutenden Weiler weisen heute lediglich noch die Bushaltestellen Oberambringen und Unterambringen hin.

Der Name Ambringen soll auf die Nachkommen eines nicht näher fassbaren Dorfgründers namens Antparo zurückzuführen sein.

Eine erste Erwähnung Ambringens datiert aus einer Urkunde von 886, aus der hervorgeht, dass um die Regierungszeit

Sorgt auch ohne Heilwasser fürs leibliche Wohl: das Gasthaus Ambringer Bad.

Karls des Großen zwei Schwestern ihren väterlichen Besitz zu *Antparinga marcha* dem Kloster Sankt Gallen vermacht hatten. Als weitere Varianten finden sich *Antparingen*, *Antperingen*, *Anperingin* oder *Apparingen* in den Dokumenten. Geradezu niedlich erscheint Ambringen als *Amperinchen* im Jahre 1139, und regelrecht elektrisierend wirkt der Name *Ampaeringen* in einem Schriftstück aus dem Jahr 1248.

In der »Allgemeinen Encyclopädie der Wissenschaften und Künste« von 1830, herausgegeben unter anderem von einem gewissen Herrn Hermann Brockhaus, wird Ambringen folgendermaßen als »merk-würdig« beschrieben: »... durch hohes Althertum und durch das uralte, ehrwürdige und reiche Geschlecht der Edeln von Ambringen merkwürdig.« Interessant auch, was die Autoren weiter über Ambringen zu vermelden haben: »In Oberambringen sowohl als in Unterambringen stand ein Schloß (...). Die Schlösser wurden in den Kriegen des 17. Jahrhunderts zerstört. Die Mehlin führt aus den nahen Gebirgen einige Mineraltheile mit sich. Darum wurde schon im 15. Jahrhundert hier gebadet. Das in den Documenten vorkommende Badehaus ist zwar schon längst eingegangen, dagegen wurde vor etwa fünfzehn Jahren ein neues Badehaus angelegt, das den an Nervenschwäche Leidenden empfohlen wird.«

Von den Schlössern ist gar nichts mehr erhalten, von dem »neuen Badehaus« zeugt immerhin noch das Gasthaus *Ambringer Bad*, das heute weniger dem Baden als vielmehr dem Badischen Wurstsalat verpflichtet ist.

Von Kirschen und Königinnen

Wer sich im Frühling an der überwältigenden Pracht blühender Kirschbäume berauschen will, muss nicht zwangsläufig die weite Reise nach Japan auf sich nehmen. Das kann man auch im Kaiserstuhl haben. Idyllisch in einem kleinen Seitental des Kaiserstuhls gelegen, schmiegt sich beispielsweise Amoltern an den Nordwesthang des Katharinenberges. Das Winzerdorf mit seinen rund 400 Einwohnern wird um das Jahr 1150 das erste Mal als *Amiltran* in einer Urkunde genannt. Im 13. Jahrhundert taucht es in den Varianten *Amiltra*, *Amoltir*, *Amoltron* und *Amolter* auf.

Wie schon angedeutet, ist Amoltern nicht nur für seine ausgezeichneten Weine bekannt, sondern fast mehr noch für seine Kirschen. Im benachbarten Kiechlinsbergen wird alljährlich gar eine Kirschkönigin gewählt. Und die zahlreichen Kirschbäume haben in Amoltern nicht nur ganz konkret biologisch, sondern auch etymologisch tiefe Wurzeln geschlagen. Denn der Amarelle (lateinisch *amarilla*), der wilden Sauerkirsche, entstammt sehr wahrscheinlich der ursprüngliche frühmittelalterliche Name *Amiltran*, der sich zur heutigen Schreibweise *Amoltern* entwickelt hat.

Diese Herleitung gründet nach übereinstimmender Meinung der Namenforscher zwar auf einer Vermutung, aber angesichts der vielen Kirschbäume, die im Frühling alljährlich den Kaiserstuhl schmücken, dürfte diese Deutung als hinreichend erklärt gelten.

Die Amarelle schwingt im aktuellen Sprachgebrauch übrigens noch in der Amarena- und der Maraschino-Kirsche mit, deren hochprozentig veredelte Produkte sich auch heute noch allgemeiner Beliebtheit erfreuen. Die einheimische Bevölkerung nennt die zuckersüße Frucht übrigens liebevoll *Ammelbeere*.

Au

Nichts für Wehleidige

Au ist gleich in mehrfacher Hinsicht bemerkenswert. Erstens gilt Au als die Ortschaft mit dem kürzesten Namen überhaupt – ein Vorzug, den sich Au im Hexental allerdings mit vielen anderen Aus in Deutschland, Österreich und der Schweiz teilen muss. Zweitens kann Au für sich in Anspruch nehmen, seinen Namen mit einem der ältesten deutschen Worte überhaupt in Verbindung bringen zu können. Au lässt sich auf das mittelhochdeutsche *ouwe* und noch früher auf das althochdeutsche *ouwa, auwia* (»Land im oder am Wasser, Insel«) zurückführen, das wiederum aus dem germanischen Adjektiv *awjö* (»am Wasser liegend«) hervorgegangen ist.

Doch nicht allein die sprachlichen Wurzeln Aus reichen tief in die Vergangenheit. Im Jahr 868 findet sich in Urkunden des Klosters St. Gallen die Ortsbezeichnung *in Auia*. In weiteren Nennungen taucht Au als *in Ouwa* 1145; als *Augia extra muros Friburgenses* 1298; *ze Ouwe bi Friburg* und als *ze Öuwe bi der burg* 1344 auf. Die erwähnte Burg verweist wohl auf die abgegangene Burg Obhusen.

Der Name ist Programm: Ruhepause vor Au.

Und nicht zuletzt mag Au gar in die Literaturgeschichte eingegangen sein, denn als einer der heißesten Anwärter um den Geburtsort des berühmten mittelalterlichen Dichters und Epikers Hartmann von Aue (um 1200) gilt unser Au. Bewiesen ist das allerdings nicht, es kämen auch noch Obernau (heute Ortsteil von Rottenburg) und Au bei Ravensburg (Kloster Weißenau) in Frage. Doch lassen wir den »gelehrten Ritter« selbst zu Wort kommen:

»Ein ritter sô gelêret was,
daz er an den buochen las,
swaz er dar an geschriben vant:
der was Hartmann genannt,
dienstman was er zouwe.«
(aus den Prologen des »Armen Heinrich«, Vers 1–5)

Übersetzt etwa:
»Es war einmal ein Ritter,
der so gelehrt war,
dass er alles lesen konnte,
was in den Büchern stand:
Der wurde Hartmann genannt
und war Lehnsmann zu Aue.«

Von Kaisern, Kröten und Grünflächen

Das Winzerdorf Auggen nahe Müllheim ist eine der ältesten Gemeinden im Markgräflerland. Schon 752 taucht Auggen in Urkunden erstmals als *Anghoma* auf. Doch altrömische Münzfunde lassen darauf schließen, dass Auggen bereits im ersten Jahrhundert nach Christus besiedelt war.

Mindestens ebenso erstaunlich wie die frühe Besiedelung Auggens sind die vielfältigen Möglichkeiten, den Namen des Dorfes schriftlich niederzulegen. Man reibt sich fürwahr die Augen, wenn man sieht, in wie vielen unterschiedlichen Varianten Aug-

Die Kreuz-Kirche in Auggen.

gen in den Urkunden zu finden ist. Eine Auswahl: *Villa ougheim* (1048), *Oucheim* (1155), *Öcheim* (1179), *Ögheim* (1184), *Ouhem* (1185), *Ouken* (1194), *Ochen* (1237), *Villa Oughein* (1276), *Ögheimer banne* (1317), *Öghein* (1333), *ze Oykein in dem dorf* (1367), *Oucken* (1460), *Oughen, Ouckein, Ougkein* (1481), *Ouckhen, Ougken, Ougkhein, infra Auggenam, Aughen, Aucken, Auckhen, Ökein, Öchein* und noch viele mehr. Zuweilen türkisch kommt einem Auggen vor bei *daz gut zi Okan* 1299, unheimlich als *Ucheim* in der päpstlichen Bulle von 1147 und irgendwie jiddisch in der Bezeichnung *Ecclesia Occheim* aus dem Jahre 1208.

Ein solch üppiger Variantenreichtum an Namenschreibweisen eröffnet dem findigen Namenforscher natürlich Tür und Tor. Eine zumindest im vorletzten Jahrhundert geläufige Herleitung begibt sich zunächst ins Reich der Zoologie. Aus unerfindlichen Gründen sei Auggen, so unkte man, der Ort, an dem sich Kröten aufhielten. Auggen auf gut Neudeutsch also *Krötenheim*? Das mittelhochdeutsche *uche, ouke, auk* – die Kröte – lässt zumindest lautsprachlich eine gewisse Verwandtschaft erkennen. Für wahrscheinlicher hält der Germanist Albert Krieger in seinem Standardwerk hingegen die Verbindung zu *Owe* = Au, die Wiese also, »da w zwischen Vokalen vor Palatallaut gern zu g wird«, wie der Sprachforscher befindet. Vielleicht erinnert sich noch der eine oder andere an die Mittelalter-Folkgruppe »Ougenweide«, die in diesem Zusammenhang noch genannt werden könnte. Das mittelhochdeutsche *Ouge* für Auge dürfte dabei auch für Auggen geradezu augenfällig sein.

In puncto mittelalterlicher Minnesang kann Auggen überdies mit dem aus dem hiesigen Dorfadel stammenden Ritter und Minnesänger Brunwart von Augheim punkten, der im 13. Jahrhundert dort seine Liebeslieder vortrug.

Hingegen lassen die angesprochenen römischen Münzfunde natürlich auch eine sprachliche Verbindung mit dem römischen Kaiser Augustus vermuten, der in unserer Gegend als Namenspatron schon durch die alte Römerstadt *Augusta Raurica* bei Augst beziehungsweise Kaiseraugst zugange war.

Ob Krötenheim, Minnesang oder Cäsarenherrlichkeit – für eines ist Auggen zumindest auch heute noch bekannt: den *Auggener Schäf.* Denn der Weinbau wird in Auggen bereits seit der Zeit Karls des Großen betrieben.

Von Basel nach Mainz

Bad Krozingen ist nicht nur in demografischer Hinsicht eine altehrwürdige Kleinstadt. Schon die alten Römer hatten die Gegend nahe des Rheins erschlossen, der damals die Grenze zum wilden Osten markierte. Die römischen Siedlungen auf der Gemarkung Bad Krozingen waren im ersten Jahrhundert Teil der römischen Fernstraße von *Augusta Raurica* bei Basel nach Mainz (*Mogontiacum*), die ziemlich genau dem Verlauf der heutigen B 3 folgte. Der Name der römischen Kleinstadt ist nicht überliefert, allerdings könnte der Name des ältesten Bad Krozinger Ortsteils Kems ein Nachhall der keltischen Ortsbezeichnung »Cambete« (von *camb-es, cam-bete*, »die Krümmung«) sein, auf die sich das elsässische Kembs ebenso wie Kleinkems bei Lörrach beziehen.

Nachdem sich die Römer im dritten Jahrhundert hinter den Rhein zurückgezogen hatten, siedelten sich die Alemannen im Breisgau an. Als einer der ersten alemannischen Siedler ließ sich aller Wahrscheinlichkeit nach ein gewisser *Crozzo* mit seinem Gefolge auf den fruchtbaren Lössböden nieder. Jedenfalls wird die früheste urkundliche Nennung *villa qui vocatur Scrozzinca* im Jahre 807 oder 799 auf diesen Personennamen zurückgeführt.

Die Endung *-inca* ist eine alte Schreibweise von *-ingen*, die im Allgemeinen die Besiedlung durch Alemannen anzeigt. *Scrozzinca*, später auch *Crocingin* oder *Crozzingen* genannt, bedeutet demnach wörtlich übersetzt: »bei den Mannen des Crozzo«.

Zum Bad wurde Bad Krozingen am 1. August 1933, als der Stadt offiziell der amtliche Beiname verliehen wurde. Eine der Voraussetzungen, um an das amtliche Prädikat zu kommen, ist natürlich das Vorhandensein einer Thermalwasserquelle. Im Jahr 1911 war man eigentlich auf der Suche nach Erdöl, das im Oberrheingraben vermutet wurde. Mit dem Öl war es allerdings Essig, denn statt auf das begehrte schwarze Gold zu stoßen, förderten die Pumpen heißes kohlensäurereiches Mineralwasser aus dem Boden, das meterhoch aus der Tiefe schoss. Bescheidene Anfänge eines Badbetriebes führten in den späten 1920er Jahren zu einem ersten Aufschwung des Kurwesens, der schließlich zur Verleihung des Prädikats Bad führte.

Ein Bad hatte Bad Krozingen zur Zeit der Römer aller Wahrscheinlichkeit nach auch schon, auch wenn entsprechende Funde noch nicht gemacht worden sind. Allerdings gilt es als erwiesen, dass eine große öffentliche Badeanlage gewissermaßen fester Bestandteil der römischen Truppenbetreuung war und insofern im antiken Bad Krozingen von einer solchen ausgegangen werden kann.

Bahlingen

Baldo, der Häuslebauer

Die schmucke Gemeinde Bahlingen wurde zwischen dem dritten und fünften Jahrhundert nach Christus als alemannische Sippensiedlung am nordöstlichen Kaiserstuhl gegründet. Der ursprüngliche Name Bahlingens wird als *Baldinga* wiedergegeben, was in Verbindung mit einem alemannischen Personenna-

men etwa »bei den Leuten des Baldo« bedeutet.
Erstmals urkundlich erwähnt wurde Bahlingen als *Baldingen* um das Jahr 762/763 im Testament des Bischofs Eto von Straßburg. Dieses Testament des Eto oder Eddo soll aber nach neueren Erkenntnissen eine mittelalterliche Fälschung aus der Zeit des Investiturstreits sein und ist daher mit Vorsicht zu genießen (vgl. die Artikel zu *Forchheim* und *Ettenheim*).

Für die Ableitung *Baldingen* sprechen wiederum spätere Urkunden um das Jahr 1000 bis ins 14. Jahrhundert hinein, in denen Bahlingen immer wieder als *villa Baldinga* oder *locus Baldinga* auftaucht.

Der Häuslebauer Baldo hat ganze Arbeit geleistet: Bahlingen am Kaiserstuhl.

Überhaupt scheint dieser Baldo seinerzeit ein recht umtriebiger Häuslebauer beziehungsweise Dorfgründer gewesen zu sein, denn sowohl Ober- wie Unterbaldingen bei Bad Dürrheim als auch das eidgenössische Baldingen bei Bad Zurzach berufen sich ebenfalls auf einen Baldo als Namengeber.

Widerspenstige Bürger und bauwütige Biber

Kein Biederbacher wird es noch hören können, aber bei diesem Ortsnamen kommt natürlich als Erstes unweigerlich die Frage auf, ob denn der Biederbacher als solcher wirklich so bieder sei, wie es der Name nahelege. Schon in den zwanziger Jahren des vergangenen Jahrhunderts bewegte Sprachforscher diese Frage. Im Badischen Wörterbuch finden sich unter dem Stichwort Biederbach die Einlassungen eines gewissen Oskar Furtwängler: »Ein Mann aus Biederbach am Hünersedel fragte mich spöttisch, ob sein Ort nach biederen Leuten benannt sei, dies ist nicht wahrscheinlich.«

Und damit könnte der Mann sogar recht haben. Im Jahr 1323 wird erstmals ein Klostermeier namens *Biderich* urkundlich erwähnt, wobei *Biderich* zwar durchaus auf einen »braven, unbescholtenen« Mann hinweist (mhd. *bider* = tüchtig, brav, bieder). Die Biederbacher Homepage (www.biederbach.de) vergisst aber nicht darauf hinzuweisen, dass bereits vor den Alemannen eine romanisch sprechende Bevölkerung in dieser Gegend ansässig war. Darüber hinaus verweisen Sprachwissenschaftler auch auf eine frühere sprachgeschichtliche Verwandtschaft zu Biberach bei Offenburg, das hinwiederum seinen Namen den einstmals zahlreichen Bibern in der Kinzig verdanke. Biberach bedeutet demnach einfach »Biberfluss«, und ein solcher – die Biber – findet sich nicht nur weiter südlich bei Randegg im Hegau, auch bei Waldkirch soll es früher einen *Biberbach* und eine *Biderich* gegeben haben.

Wie wenig bieder die Leute in Biederbach gewesen sein müssen, zeigt auch der Umstand, dass die ältesten Biederbacher Häuser als »Heidenhäuser« bezeichnet werden. »Dieser Name wird darauf zurückgeführt, dass nach Einführung des Christentums noch immer Biederbacher Familien da waren, die den altgermanischen Sitten und Glaubensvorstellungen die Treue hielten«, so die Biederbacher selbst auf ihrer Homepage.

Bischoffingen

Der Bischof hält Hof

Der Name Bischoffingen ist schnell erklärt. Die Wortendung *-ingen* taucht bei Ortsnamen verbreitet im alemannischen Raum

■ *»Bei den Leuten des Bischofs«: im beschaulichen Bischoffingen.*

ab dem 5. Jahrhundert auf. Diese Endung wurde entweder an den Ort der Siedlung angehängt (z. B. Göttingen: altsächsisch *gota*, Bach). In unserer Gegend sind die Orte mit *-ingen* am Schluss jedoch meist auf einen bestimmten Personennamen zurückzuführen. So gab es beispielsweise einen Alemannenhäuptling mit dem Namen Filo. 817 n. Chr. findet sich in einer Urkunde die Bezeichnung *ad Filingas* (= bei den Leuten des Filo). 1179 findet sich die Formulierung *Vilingin*, 1337 *Vylingin* und schließlich *Villingen*.

Auf der anderen Seite gibt es aber auch Familiennamen, die wiederum von Ortsnamen abgeleitet wurden, wie bei einem gewissen Joseph Ratzinger (vulgo: Benedikt XVI.), dessen Vorfahren aus Ratzing stammen.

Mit dieser kleinen Volte schließt sich der Kreis, und wir können nun mit Fug und Recht behaupten, dass der Name *Bischoffingen* nichts anderes bedeutet als »bei den Leuten des Bischofs«.

Allerdings sollte noch nachgetragen werden, dass sich der Bischof so eindeutig wie in Bischoffingen nicht in jedem Fall outet. Als kirchenamtliche Aufseher über ihre Gemeinden verwalteten Bischöfe meist ein umfangreiches Territorium, das Bistum. Die Grenze eines solchen Bistums markierte (!) die (Ge-)Markung, die *Marck*, woher letztlich auch der frühere Reichskanzler Otto von Bismarck seinen Namen hat.

Bleichheim

Glanzvolle Gewässer und faulende Bäche

Das schöne Dorf Bleichheim (*Bleicha* 1335, *Bleichach* 1406) bei Herbolzheim verdankt seinen Namen natürlich dem *Bleichbach* beziehungsweise der *Bleicha*, die sich durch die Gemarkung zieht. Es ist nun aber nicht so, dass einstmals entlang des Baches besonders viele Vertreter der ehrwürdigen Bleicher-Zunft Textilien entfärbt hätten, das Dorf war zu früheren Zeiten eher für seine Steinhauer bekannt.

Die *Bleicha* oder *fluvius bleichaha* (1155) trägt das Wasser in Form des althochdeutschen Wasserwortes *aha* (vgl. den Artikel zu *Aha*) schon im Namen. Gewässernamen zu *-a*, *-aha* oder *-ach* lassen sich auf das germanische **ahwo*[1] (= fließendes Wasser) zurückführen, das mit dem lateinischen *aqua* (= Wasser) nicht nur lautsprachlich verwandt ist.

Das Bleiche oder die vornehme Blässe des Flüsschens *Bleicha* wiederum lässt sich zum einen natürlich auch auf die im Mittelalter schon gültige Bedeutung des Adjektivs *bleich* zurückführen, was im Zusammenhang mit einem Flusslauf aber nicht unmittelbar einleuchtet. Hans Bahlow, eine Koryphäe der germanistischen Ortsnamenkunde, meint daher, die Bleiche von einem nicht näher bestimmbaren altdeutschen Wort *blekinge* ableiten zu können, das so viel wie Faulung, Faulwasser oder Morast bedeuten soll. Allerdings steht diese Deutung so ziemlich alleine da.

Da lohnt es sich doch eher, sich auf den Wortstamm von *bleich* zu besinnen, der auf das althochdeutsche *bleih* zurückgeht, das noch die ursprüngliche Bedeutung »glänzend« be-

---

1 *Die darin möglicherweise anklingende Mineralwassermarke Alwa hingegen ist nicht die Erfindung eines germanistikaffinen Werbetexters, sondern stammt vom Firmeninhaber höchstselbst, der aus dem einfachen Begriff Mineralwasser den Markennamen alwa sozusagen herausdestilliert hat.*

inhaltet und heute noch in Blei und Blech mitschwingt. Unter einem glänzenden, ja glitzernden Bächlein kann man sich schon eher etwas vorstellen, und damit bleibt es beim *bleichen Bach.*

Von wegen blöd

Zumindest für deutsche Ohren hat der Name des elsässischen Dorfes Blodelsheim einen leicht putzigen Klang, der etwa Pennäler der unteren Klassenstufen zu ausgiebigen Assoziationsketten verleiten mag. Bevor also sinnlos herumgeblödelt wird, sei darauf hingewiesen, dass die erste Erwähnung dieses Ortes im 9. Jahrhundert *Flatolvesheim* lautete. Im Laufe der Jahre verwandelte sich *Flatolvesheim* vermutlich durch einen Schreib- oder Lesefehler 1064 zu *Bladolvesheim.* Daraus wurde 1272 *Bladoltzheim*, 1441 *Blodoltzheim*, und *Blodelsheim* endlich im Jahr 1580.

Das Gebiet um Blodelsheim wurde bereits in der Jungsteinzeit besiedelt, und auch die Römer haben hier ihre Spuren hinterlassen. In unmittelbarer Nähe verlief eine wichtige römische Fernstraße von Augst (*Augusta Raurica*) nach Straßburg (*Argentorate*). Die Nähe zum Rhein mag auch die Erklärung für den Namen liefern. Denn bevor mit der ursprünglichen Schreibweise *Flatolvesheim* noch weitere pubertäre Assoziationsketten in Gang gesetzt werden, sei gesagt, dass der erste Teil des Namens vermutlich auf *Flad*, ein altes Wort für Sumpfgras oder Binse (mittelhochdeutsch *fludach*), zurückzuführen ist, wie das Oberdeutsche Flurnamenbuch von 1880 weiß. Damit hängt es auch eng mit dem mittelhochdeutschen *vluoten, vlüeten* (= fließen, strömen) zusammen.

Die vielen mit *-heim* verbundenen Ortsnamen besonders im elsässischen Raum lassen übrigens nicht zwingend auf eine fränkische Besiedlung aus dem 5. Jahrhundert schließen, wie früher oft behauptet wurde. Vielmehr zeige sich hier eine politisch-kulturelle Verbundenheit mit dem fränkischen Staat des Frühmittelalters, wie die aktuelle Namenforschung betont (vgl. *Bleichheim*, *Müllheim*).

Bötzingen

Wo der Bär tanzt

Die Kaiserstühler Winzergemeinde Bötzingen wird urkundlich erstmals im Jahr 769 als *Bezzo* im Zusammenhang mit dem Weinbau erwähnt. Diese Schreibweise in Verbindung mit der alemannischen Namenendung *-ingen* (vgl. *Bischoffingen*) verleitete den Karlsruher Namenforscher und Archivar Albert Krieger zu der Annahme, die Bötzinger seien die Nachkommen eines historisch nicht näher fassbaren Alemannenhäuptlings namens *Bezo*. Doch hier irrte möglicherweise der ansonsten äußerst penibel zu Werke gehende Archivar.

▪ *Bötzingens Wappentier: Hier steppt der Bär.*

Nicht nur im übertragenen Sinne, sondern wortwörtlich einen Bären aufbinden wollen uns die Bötzinger dagegen hinsichtlich ihrer Namensherkunft. Dieser nämlich ist seit alters her das Wappentier von Bötzingen, und deshalb liegt die Vermutung nahe, dass der Bär auch als Namengeber von Bötzingen fungierte. Für Meister Petz spräche zum Beispiel die Schreibweise der *villa Pezzinga*, mit der Bötzingen in einer Urkunde im Jahr 832 erwähnt wird, ebenso wie die Nennung

Pezzengen aus dem Jahr 1178. Allerdings ist damit noch nicht die Frage geklärt, ob Bötzingen seinen Namen nun dem Bär verdankt oder ob der Bär vielmehr erst hinterher als Erklärung herangezogen wurde. Hinreichend belegt dagegen ist, dass der Bär alle zwei Jahre beim Dorf- und Weinfest in Bötzingen vier Tage lang steppt – wovon sich jeder im Herbst selbst überzeugen kann.

Kelten und römische Hilfstruppen jeden Alters

Breisach war immer schon grenzwertig. Jedenfalls in dem Sinne, dass von den Völkern, die in dieser Gegend siedelten, seit jeher großer Wert darauf gelegt wurde, die Grenzen ihres Gebietes im Auge zu behalten.

Der Münsterberg in Breisach hatte sich aufgrund seiner herausgehobenen Topographie immer schon hervorragend zur Anlage einer Höhenfestung angeboten, von der aus die Gegend in großem Umkreis kontrolliert werden konnte. So hatten auch die Römer auf dem *Monte Brisiaco* – dem Münsterberg – ein Kastell zur Überwachung der Grenze errichtet, mit dem sich das Römische Reich gegen die Alemannen, namentlich gegen den im fünften Jahrhundert auch so benannten Stamm der *Brisgavi* oder *Brisigavi*, vulgo der Breisgauer, abschottete.

Besagter römisch benannter *Monte Brisiaco* (= auf dem Berg Brisiacus) ist als lateinischer Ortsname von dem gallischen Personennamen *Brisios* abgeleitet und wurde im Laufe der Zeit an die deutschen Siedlungsnamen mit der Wasserwort-Endung *-ach* angeglichen (vgl. *Aha*).

Andere Forscher äußern die Vermutung, dass der *Monte Brisiaco/Mons Brisiacus* sich auch auf die damalige Insellage des Münsterberges beziehen könnte, was die Forscher aus dem vorkeltischen *bris* = »brechen« beziehungsweise *brisinac* = »Wasserbrecher« oder »der Felsenberg, an dem sich das Wasser bricht« herzuleiten meinen.

Der Berg wiederum hinterließ bei der Stadtgründung Breisachs seine Spuren. Der Name *Breysach* (1507), *Brysach* (1416), *Brisach* (1237/54) *Brizach* (1012/18) geht zurück auf die im 10. Jahrhundert überlieferte Nennung *ad Prisacum*, *Brisaga* und damit schließlich auf das schon genannte *Monte Brisiaco*, das sich in dem aus dem 3. Jahrhundert überlieferten römischen Straßenatlas *Itinerarium Antonini* (sozusagen der ADAC-Atlas der Antike) gleich dreimal findet.

Die wilden Breisgauer des fünften Jahrhunderts übrigens entstammen der Bezeichnung für römische Hilfstruppen, derer sich die Römer im vierten Jahrhundert hier bedienten – den *Brisgavi seniores* und den *Brisgavi juniores*.

Procho und der Investiturstreit

Wie so oft in der Geschichte der Menschheit lässt sich auch die Gründung Broggingens auf einen Betrug zurückführen. Durch eine Urkunde aus dem Jahr 748 soll das Dorf in den Besitz des Bischofs Heddo von Straßburg gelangt sein. Diese Urkunde stellte sich allerdings als Fälschung heraus. Denn in der Zeit des Investiturstreites (1111–1125) pflegten die Bischöfe und Äbte einen recht unbekümmerten Umgang mit den Besitz- und Schenkungsurkunden ihrer Anwesen und scheuten auch nicht vor Fälschungen zurück, um ihre Besitzansprüche gegenüber der weltlichen Obrigkeit zu untermauern.

Für Broggingen als gesichert gelten darf dagegen eine urkundliche Nennung aus dem Jahr 1129, in der für Broggingen ein Fronhof – *curtis Prochingen* – schriftlich genannt wird. Weitere Namensvarianten sind *Brochingen* (1223–1232), *Brokingen* (1263) oder auch *Brockingen* (1393), da der »margraff Hesse zu Hachberg und zu Hoehingen« seiner »lieben mumen ... Anne von Uesenberg das dorff Brockingen« aus seiner »handen unde gewalt« gab »zu iren leptagen haben nutzen und niessen« – so jedenfalls steht es in den Breisgauer Archiven geschrieben. Was die Herleitung des Namens betrifft, so wird wieder einmal ein nicht näher bestimmbarer Personenname als Pate herangezogen. In diesem Fall ein Herr *Procho*, was in Verbindung mit der Endung *-ingen* »bei den Angehörigen des Procho« bedeutet.

Von Wilden und ausgestorbenen Dörfern

Wie bei fast allen Orten, die im süddeutschen Raum auf *-ingen* enden, ist der Name auf die Gründung durch die Alemannen zurückzuführen (vgl. *Bischoffingen*). Die Ableitungsendung *-ingen* weist hierbei auf die Zugehörigkeit zu einem Personennamen hin, bedeutet also »bei den Mannen des ...«. Im Falle Denzlingens geht die Siedlung auf den alemannischen Stammesfürsten *Denzilo* zurück, der sich zur Zeit der Völkerwanderung im 5. Jahrhundert nach der Überwindung des Limes mit seinen Mannen hier niederließ. Dem Vornamen *Denzel* begegnet man ebenso im amerikanischen Englisch – Filmfans dürfte der afro-

Entlang der Glotter aus zwei Orten zusammengewachsen: Denzlingen.

amerikanische Schauspieler und Regisseur Denzel Washington ein Begriff sein – er bedeutet so viel wie »der Wilde«.

Denzel(l) heißt auch ein Ort im englischen Cornwall. In den Urkunden wird Denzlingen zum ersten Mal im Jahr 984 als *Denzilinga* erwähnt. Weitere Nennungen sind *Denzelingen* (1147), *Tenzelingen* (1178), *ce Tenzelingen* (1278), *Tentzlingen* (circa 1350) und *Dentzlingen* (1384).

Im Mittelalter bestand Denzlingen aus zwei getrennten Orten entlang der Glotter, dem Niederdorf (*ze Tentzlingen im nidderdorf* 1493) und dem Oberdorf. Beide wuchsen mit der Zeit zu einem langgestreckten Straßendorf zusammen, das die Bezeichnung *Langendentzlingen* erhielt.

Eingang in die Weltliteratur fand Denzlingen aller Wahrscheinlichkeit nach im barocken Schelmenroman »Der Abentheuerliche Simplicissimus Teutsch« des Hans Jakob Christoffel von Grimmelshausen. In einer Szene (17. Kapitel, 4. Buch) (»in ein[em] Dorf, darin keine lebendige Creatur war«) steigt Simplicissimus mit seinem Freund Olivier »des ferneren Aussehens halber« auf einen Kirchturm, bei dem es sich um den Turm der Georgskirche handeln soll.

Ebringen

Eber oder Ebur, das ist hier die Frage

Der Winzerort Ebringen wird schon recht früh in Verbindung mit dem Weinbau gebracht. Um das Jahr 716 ist in einer Schenkungsurkunde Rebland um *Eberingen* erwähnt, das dem Kloster Sankt Gallen vermacht wurde. Als weitere Namensvarianten tauchen in den Dokumenten die Bezeichnungen *Eburingen*, *Heburinga*, *Hebiringa*, *Eboringa* und *Ebringa* auf.

Das Gebiet um Ebringen wurde aber bereits in der Jungsteinzeit (etwa 5000 Jahre vor unserer Zeitrechnung) bewohnt, wie

Viel Wald für wilde Eber wächst rund um Ebringen – oberhalb des Ortes ist die Schneeburg zu sehen.

archäologische Funde auf dem Gipfelplateau des Schönbergs beweisen. Später haben es sich die Römer hier gemütlich gemacht, die auch für die Einführung des Weinbaus verantwortlich sein dürften. Um das Jahr 260 überrennen die Alemannen den Limes und siedeln sich hier an. Darauf deutet die Namenendung *-ingen* hin, die im süddeutschen Raum eine alemannische Siedlung in Verbindung mit einem Personennamen anzeigt (vgl. *Bischoffingen*). Als alemannischer Gründungshäuptling kommt ein gewisser Herr *Ebur* oder *Eber* in Frage, wie ihn Albert Krieger in seinem Topographischen Wörterbuch für das Ebringen bei Engen im Hegau ausgemacht haben will. Stichhaltige Beweise für die Existenz eines solchen Stammeshäuptlings dieses Namens im Markgräflerland existieren allerdings nicht.

So eröffnet sich bei aller Sorgfalt in der Namenforschung immer noch genügend Raum für Spekulationen, was auch den Gedanken nahelegen könnte, dass die namentliche Ableitung Ebringens von einem männlichen Schwein (= Eber) möglicherweise nicht gänzlich ausgeschlossen sein dürfte. Schließlich ist Ackerbau und Viehzucht seit jeher die Grundlage allen Siedlungsbaues.

Ehrenkirchen

Wer hat's erfunden?

Ehrenkirchen als solches gibt es eigentlich gar nicht. Ehrenkirchen ist eine Erfindung des Landratsamtes und existiert so nur auf der Landkarte und auf den Straßenschildern. Die Gemeinde Ehrenkirchen entstand in den 1970er Jahren im Zuge der Gebietsreform in Baden-Württemberg und setzt sich aus den ehemals selbstständigen Gemeinden Ehrenstetten und Kirchhofen zusammen – woraus dann eben Ehrenkirchen wurde. Wenig später kamen dann noch Offnadingen, Scherzingen und Norsingen hinzu. Dass bei dieser Eingemeindung der Kirchhofener Weiler Ambringen – der sich hinwiederum in Ober- und Unterambringen teilt – gleich mit assimiliert wurde, fällt da schon gar nicht mehr ins Gewicht.

Eine solche Zweckgemeinschaft kann durchaus verwirrende Züge annehmen. So mag das Dorf Kirchhofen auf älteren Straßenkarten durchaus vermerkt sein, der ortsunkundige Autofahrer muss aber spätestens auf der B 3 bei Schallstadt noch die geistige Transferleistung erbringen, dass Kirchhofen ein verwaltungstechnisches Anhängsel von Ehrenkirchen geworden ist, um dementsprechend links auf die L 125 einzuschwenken.

Feine Unterschiede gibt es auch beim Wein, für den die Gemeinde ebenfalls geschätzt wird. So genießen der Ehrenstetter Gutedel vom Oelberg und der Kirchhofener Spätburgunder vom Batzenberg traditionell auch überregional einen guten Ruf, während ein Ehrenkircher Gutedel erkennbar eine Kreation der Winzergenossenschaft Efringen-Kirchen ist, wie schon der fragwürdige Umgang mit der Genitivendung zeigt.

Allen nostalgisch-traditionalistischen Vorbehalten zum Trotz muss aber auch gesagt sein: Die fast komplette Verwaltungsgemeinschaft der 1970er Jahre wurde so auch schon im Jahr 1493 in einer Kirchenurkunde erwähnt: »ecclesia Kijlchhofen, Norsingen, ambo Ampringen, Orenstetten et Offnadingen«. Wie war das doch gleich – einer für alle, alle für einen? In diesem Sinne sollte sich das Gemeinschaftsleben über die Jahrhunderte nicht nur in Ehrenkirchen gestalten.

Wenn Frauen wettern

Einen gewissen Bekanntheitsgrad über die Region hinaus dürfte die Gemeinde Ehrenstetten nicht nur durch ihren Wein erlangt haben, sondern vor allem auch durch den (mittlerweile verpönten) Slogan der Winzergenossenschaft: »Macht die Frau ein Donnerwetter, trink ein Viertel Ehrenstetter!«

Die ersten Ehrenstetter hingegen werden ihre Ehestreitigkeiten kaum mit den edlen Tropfen vom Oelberg beigelegt haben. Einige Höhlen am Steilhang desselben nämlich weisen auf eine Besiedlung von Rentierjägern aus der älteren Steinzeit hin. Aus keltischer Zeit (circa 150-30 v. Chr.) finden sich auf einem Bergrücken noch die Reste eines Walles, der zu der abgegangenen Burg *Kegelriss* gehörte.

Ebenfalls Zeugen einer frühen Besiedelung sind die Alemannengräber, die hier an den Hängen des Südschwarzwaldes gefunden wurden.

Erstmals urkundlich erwähnt wurde Ehrenstetten im Jahr 1139 als *Oeristetten*. Als *Oristetten* taucht Ehrenstetten 1291 und als *Öristetten* 1297 in den

Trinkfreudig, aber inzwischen schon Geschichte: der Slogan der Winzergenossenschaft.

Urkunden auf. Die Lautverschiebung von O zu E lässt vermuten, dass die Ehre, den Ehrenstettern ihren Namen gegeben zu haben, einem gewissen *Oro* gebührt – so jedenfalls behauptet es Albert Krieger in seinem Topographischen Wörterbuch des Großherzogtums Baden. Jedenfalls tragen die ersten urkundlich erwähnten Ehrenstettener immer noch ihren ursprunggebenden *Oro* im Namen: beim »Röggerus de Orichstetin« (1277) ebenso wie bei »Heini von Öristetten ein edel kneht« (1358) oder der hochwohlvermögenden »Henny Stein von Öristetten«, welche im Jahr 1450 »saß ze gerichte ze Öristetten«.

Als *Eristetten* taucht die Winzergemeinde urkundlich erstmals 1493 auf, als *Erenstetten* dann 1554. Am 10. August 1418 bekam Ehrenstetten von Kaiser Sigismund das Jahrmarktsrecht verliehen, was bis heute mit dem *Lorenzemärt* alljährlich gefeiert wird.

Keine Eichen

Entgegen der naheliegenden Vermutung entstammt der Name Eichstetten nicht den Eichen, auch wenn das Wappen mit dem Eichenzweig dies zu bestätigen scheint.

Spätestens im Jahr 1052, nach neueren Forschungen vielleicht sogar schon 737, wurde in einer Urkunde des elsässischen Klosters Murbach das Dorf *Eistat* am Kaiserstuhl erwähnt. Später stößt man in den Archiven auf die Schreibweisen *ze Einstat*, *Achstat*, *Eystat* und *Eistatt*, so wie bei dem adligen Herrn (*nobilis vir*) »Eberhard de Eistat« im Jahr 1112 oder bei den Herren »Adalbret de Eichstat« beziehungsweise »Egino de Eistat« 1139.

Diese ältesten nachweisbaren Namenformen lassen auf einen anderen Zusammenhang als den eingangs erwähnten schlie-

Keine Eiche im Stadtbild: Eichstetter Impressionen.

ßen. Wenn schon kein deutscher Baum als Namenspatron festgemacht werden kann, greifen Namenforscher im Zweifelsfall zu einem Personennamen, der aus dem Dunkel der Geschichte gerne als Namengeber herangezogen wird. Im Falle Eichstettens wird auf einen *Ochtrat* oder *Ochtrit* verwiesen, der sich hier am Kaiserstuhl samt seiner Sippe eine Heimstatt gesucht hat.

Die an den deutschen Wappenbaum gemahnende Schreibweise *Eichstatt* wird erstmals 1464 erwähnt, 1526 wird dann *Aychstetten am Kayserstuol* und 1665 *Eychstätten* genannt, mit einem kurzen Ausreißer in die alten Schreibweisen im Jahr 1555 als *Aistet*.

Die Eichel im Wappen Eichstettens taucht übrigens auch erst seit dem Jahr 1424 in Siegeln des Gerichts Eichstetten auf und ist somit deutlich jüngeren Datums als die ersten verbürgten Namenvarianten.

Der Siedlungsname *-stetten* erklärt sich aus einer Dativ-Plural-Ableitung zum Namengrundwort *-statt* und bedeutet »bei den Stätten«. Diese Namenendung findet sich im hiesigen Raum in vielen Verbindungen (vergleiche *Ehrenstetten* und *Vörstetten*).

Elzach

Eilige Wasser und häufige Erlen

Elzach wird urkundlich als *Alza* im Jahr 1275 und als *Elza* 1296 erwähnt. Weitere Schreibweisen sind *Eltzagh*, *Eltzach*, *Eltzza*, *Elczze*, *Elcza*, *Ältzach*. Als die älteste Erwähnung dürfte eine päpstliche Bulle vom 5. August 1178 gelten, in der Elzach zu *Eltavelt* entstellt genannt wird.

Die Stadt an der Elz bezieht ihren Namen – im Suffix – auf das Grundwort des aus dem Mittelhochdeutschen stammenden Gewässernamens *-ach* für fließendes Wasser (vgl. *Aha*). So klar das Wasser der Elz meistens ist, so unklar ist allerdings die namenkundliche Herkunft dieses Rheinzuflusses. Albert Krieger vermutet in seinem Topographischen Wörterbuch von 1904 einen Zusammenhang mit einem angeblich germanischen Wortstamm *Al* mit der Sprachwurzel *ar*, »der die Bedeutung von eilen« habe. Ein »eilig« dahinfließendes Gewässer könnte ja auch durchaus Sinn ergeben. Neuere Forschungen können Kriegers Herleitung allerdings nicht bestätigen. Möglicherweise hilft da ein Blick über die badischen Landesgrenzen hinaus weiter. Neben unserer Elz gibt es in Deutschland nämlich noch eine kleine Gemeinde Elz im Westerwald, die ihren Namen auf die dort häufig vorkommenden Erlen (von althochdeutsch *els*, *else* = Erle) zurückführt.

Die Narren sind los: Schuttigumzug in Elzach.

Das mag für die Gemeinde Elz im Westerwald zutreffen, aber nicht unbedingt für den badischen Fluss Elz. Hier kann ein bekannter Namenforscher weiterhelfen. Hans Krahe (1898–1965) hatte zeitlebens die Gewässernamen Europas erforscht und dabei herausgefunden, dass die Gewässernamen nördlich der Alpen auf die immer gleichen Wortbestandteile indogermanischen Ursprungs zurückzuführen sind. Als Beispiele nennt er **el-/*ol-* (= fließen, strömen), auf die sich sowohl die Elbe als womöglich auch die Elz beziehen lassen. In einem anderen Zusammenhang nennt er auch Ableitungen aus der Gruppe der *al-/alm*-Namen, zu denen er die Aller, die Alm und auch die Elz zählt, die seiner Erkenntnis nach früher *Alantia* genannt wurde.

Anmutige Emmendinger?

Dem gemeinen Emmendinger wird gemeinhin ja so einiges nachgesagt, aber die Anmut ist wohl nicht gerade das erste Attribut, das so manch hundsgemeiner Nicht-Emmendinger mit den Emmendingern in Verbindung bringt.

Wer allerdings genauer hinschaut, wird gerade bei diesen so häufig zu Unrecht verleumdeten Zeitgenossen absolut bezaubernde Anlagen finden, die sich auf Anhieb nicht erschließen. Hier kann wie so oft ein Blick in die Etymologie helfen. Das schöne Städtchen Emmendingen an der Elz entstand als alemannische Siedlung, wie bereits aus der Namenendung *-ingen* hervorgeht, die im süddeutschen Raum meist in Verbindung mit einem Personennamen steht (vgl. *Bischoffingen*).

Die Burg Hochburg, und damit auch die dazugehörige Siedlung, wurde erstmals 1127 urkundlich erwähnt. 1415 gingen Burg und Herrschaftsbereich an die Markgrafen von Baden. 1418 bekamen die Dörfer Emmendingen und Eichstetten das Marktrecht, im Jahr 1590 wurde Emmendingen das Stadtrecht zuerkannt. Der Name ist im Jahr 1542 als *Ementingen* belegt. 1419 taucht die Schreibweise *Emetingen* auf, um das Jahr 1400

Emattingen. 1299 tritt der Name in Verbindung mit dem Kloster Tennenbach als *Emmutingen* auf, was 1184 auf die Bezeichnung *Anemotigen* zurückgeht. Im Jahr 1094 wird ein gewisser *Dietricus de Anemutinga* erwähnt. Und dieses *Anemutinga* nun soll der Forschung zufolge auf den nicht näher belegten Personennamen *Anemuot* zurückzuführen sein. Genau dieser *Anemuot* findet sich im Duden auch als mittelhochdeutsches Wort, das Vergnügen oder Lust nicht nur bereitet, sondern auch bedeutet. Im Laufe der Jahrhunderte hat die *anemuot* ihr *e* und das *o* verloren und wurde so zur Anmut, auf die sich die Emmendinger nun mit Fug und Recht berufen können.

Der Ortsteil Emmendingen-Wasser übrigens ist selbsterklärend und taucht ebenfalls 1419 in einer Urkunde als *uff dem Wasser* auf.

Alles andere als am Ende

Auch wenn Endingen rein geografisch gesehen am nördlichen »Ende« des Kaiserstuhls liegen mag, so hat dieser Name natürlich nichts mit einem wie auch immer gearteten Ende zu tun. Zum wesentlichen Kern stößt, wie so oft, vor, wer den Leuten einfach nur zuhört. Wie jeder Kaiserstühler weiß, wird der Name der Stadt Endingen von seinen Bewohnern nicht nur rein zufällig als *Andingen* ausgesprochen. Für dieses *And* finden sich gleich zwei Erklärungen. Das Badische Wörterbuch beruft sich auf einen historisch nicht näher bestimmbaren *Ando* oder *Anto*, der im 4. oder 5. Jahrhundert Namengeber einer alemannischen Siedlung am nördlichen Kaiserstuhl war. Die Endung *-ingen* in Endingen wurde im alemannischen Raum ab dem 5. Jahrhundert oft mit Personennamen in Verbindung gebracht und würde im Falle von Endingen »bei den Leuten des Ando« bedeuten (vgl. *Bischoffingen*).

Endlich ist der Winter zu Ende: La Dolce Vita in Endingen.

Andere Quellen beziehen das *End* in Endingen auf *Anda*, die vorgermanische Variante zu dem hinreichend belegten althochdeutschen Wasserwort *Aha* (vgl. *Aha*), mittelhochdeutsch *Ahe*, das übrigens auch mit dem lateinischen *Aqua* verwandt ist.

Der oben genannte *Anto* oder *Ando* taucht übrigens auch als Namenspatron von Endenburg bei Kandern auf und wird ebenso in Verbindung mit Entenschwand gebracht, wo es die »Rodung des Ando« bezeichnen soll. Hier muss allerdings dazugesagt werden, dass die Entenschwander selbst auf einen riesigen Teich verweisen, der den frühen Entenschwandern als Fischweiher gedient haben soll.

Heimat des Fälschers

Ettenheim ist nicht nur seiner schönen Fachwerkhäuser wegen einzigartig, sondern auch wegen seines Namens. Im Gegensatz zu vielen anderen Orten gibt es Ettenheim nur einmal in Deutschland. Dagegen lassen sich für den Namen des Barockstädtchens gleich zwei mögliche Gründungsväter anführen. Da ist zum einen Herzog Ettiko II. aus dem alemannischen Adelsgeschlecht der Ettikonen zu nennen, der 712 n. Chr. starb. Dessen Sohn Eddo, auch als Etto oder Heddo bekannt, kommt als Namengeber hier ebenso infrage. Gesichert ist, dass Eddo oder Heddo in seiner Funktion als Bischof von Straßburg das benachbarte ehemalige Kloster Ettenheimmünster neu gegründet hat. Dessen als »Testament des Heddo« bekannt gewordene Urkunden der frühen Klostergeschichte hinwiederum gelten der neueren Forschung als Fälschungen aus der Zeit des Investiturstreits (vgl. *Forchheim*).

Ettenheimmünster stellt sich in alten Urkunden auch gern mal als Monster vor, so wortwörtlich als *Etnenmonster* in einer Quelle aus dem Jahr 1504 – eine Verballhornung aus dem lateinischen *monasterium* = Kloster. Das erste Mal urkundlich erwähnt wird Ettenheim in den Jahren zwischen 810 und 900 im Verbrüderungsbuch des Klosters St. Gallen. Die schöne Barockarchitektur verdankt Ettenheim einer über nahezu 150 Jahre ununterbrochenen Bautätigkeit, der allerdings die fast völlige Zerstörung im Dreißigjährigen Krieg vorausgegangen war.

Die Kartoffelmetropole

Die Kartoffelmetropole Forchheim verdankt ihren Namen nicht dem Erdapfel, sondern einer ganz anderen Pflanze, der Föhre nämlich, also einer Kiefer.

762 wurde Forchheim das erste Mal in einer Urkunde erwähnt. Der aus alemannischem Adel stammende Bischof Eddo von Straßburg vermachte damals den Ort dem Kloster Ettenheimmünster. Allerdings wird diese auch als das »Testament des Heddo« bekannte Urkunde von der Forschung zwischenzeitlich als eine Fälschung aus der Zeit des Investiturstreits angesehen,

was sich unter anderem auch dadurch (beziehungsweise eben gerade nicht) belegen lässt, da das Original dieser Urkunde ohnehin als verschollen gilt.

Sei dem, wie es wolle, die Föhre (Kiefer) kratzt das wenig, und so lassen wir diese einstweilen als Namengeberin gelten. Der Name taucht in der Geschichte Forchheims in verschiedenen Variationen auf (eine Auswahl): *villis Vorchheim* 1092; *Forechein* 1167; *Vorchhein* 1275; *Furcheim* um 1336 oder: »Er geht uf Foricho ge horicho Rust« (Badisches Wörterbuch). Die Wurzeln der Föhre liegen im Althochdeutschen *forc(h)a*, mittelhochdeutsch *vorhe* oder *forhe*. Hier verzweigt sich allerdings die Sprachwurzel und verweist zugleich auch auf das mittelhochdeutsche *forhel* oder *förhel*, das über Lautverschiebungen zur *forelle* wurde. Damit waren zunächst nicht allein die munteren Fischlein, sondern vielmehr allgemein deren Fleckchen, die Sprenkel, gemeint. Findige Namenforscher wollen gar mit der Forelle noch eine Verbindung bis zur englischen *fork*, also der Gabel, gefunden haben und spekulieren über einen dereinstmalen bei Forchheim existierenden *Gabelbach*. Nebenbei wurde auf dieser Schiene versucht, über *forix* auch gleich die aus etymologischer Sicht hochinteressante Stadt Pforzheim zu erklären. Was allerdings die neuere Forschung weit von sich weist und Pforzheim mit einer römischen Siedlung um 90 n. Chr. in Verbindung bringt, welche die pragmatischen Römer schlichtweg *Portus* nannten, also Hafen. Gemeint war damit ein zu dieser Zeit vorhandener Landeplatz für antike Binnenschiffer an der Enz.

Kein Anschluss unter dieser Nummer

Die Gemeinde Freiamt gab es lange vor der Telekom, die flächendeckende Versorgung mit Telefonanschlüssen dürfte also wohl kaum der Grund für die Benennung sein. Der Name dieser weitläufigen Gemeinde ist urkundlich als *Fryampt* im Jahr 1514 belegt. Die Freiheit in ihrem Namen verdankt sie einem zu dieser Zeit einzigartigen Pachtsystem, der freien Erbleihe, das Berner Zisterziensermönche einführten, die 1161 im Tennenbacher Tal Grund und Boden erwarben. Die hier ansässigen Bauern mussten ihren Lehnsherren keine umfangreichen Frondienste mehr leisten, sondern zahlten dem Kloster lediglich eine jährliche Pacht für die Erbleihe. Dieses neue Pachtsystem brachte dem Kloster großen wirtschaftlichen Erfolg, was natürlich bald Begehrlichkeiten weckte. So gelang es dem badischen Markgrafen Bernhard I., das Gebiet nach dem Bauernkrieg 1525 unter seine Herrschaft zu bringen. Lediglich der Vogt Simon Trutmann konnte sich noch unabhängig halten und bezeichnete sich in einer Urkunde vom 15. Februar 1528 als *Vogt im freyen Ampt*, dem nun die Ehre gebührt, als Namengeber für die politische Gemeinde Freiamt zu dienen.

Hat was, alle suchen

Freiburg ist – ganz klar! – die freie Burg. Fragt sich nur, frei wovon?

Eine ganz eine »taffe« Werbeagentur der Stadt sah sich vor vielen Jahren offensichtlich befreit von dem wohl als einengend empfundenen Korsett der orthografischen Zeichensetzung, als sie einen zündenden Slogan für das »Städtle« kreierte. Das Ergebnis ist hinreichend bekannt. In dem werbewirksamen Schlagwort »Freiburg hat was alle suchen« sucht man zunächst einmal vergeblich nach einem Komma. Dafür entfaltet dieses merkwürdige Motto erheblichen Interpretationsbedarf: Hat nun Freiburg, was alle suchen? Oder könnte man den Satz nicht auch dahingehend interpretieren: Freiburg hat was, alle suchen ... Beispielsweise einen freien Parkplatz in Innenstadtnähe. Und damit zusammenhängend auch eine staufreie Fahrt durch Freiburg.

Auch das Rollkommando des ADAC kann schwerlich Freiburg im Sinn gehabt haben, als es mit der Bleifuß-Parole »Freie Fahrt für freie Bürger« zum Sturmangriff auf drohende Tempolimits blies. Das vermeintliche Grundrecht auf hemmungslose Raserei mit durchgedrücktem Gaspedal durchzusetzen, dürfte in Freiburg angesichts flächendeckender Tempo-30-Bezonung und obrigkeitlich verordneter Spielstraßenidyllik allenfalls noch mit der Carrera-Bahn auf dem Küchenboden zu verwirklichen sein. Die Freiheit des Einzelnen endet eben da, wo die Willkür der anderen die Mehrheit erringt.

Der so vielseitig einsetzbare Begriff der Freiheit ist aus dem mittelhochdeutschen Adjektiv *vrī* (althochdeutsch *frī*) gebildet und gehört mit verwandten Wörtern aus anderen indogermanischen Sprachen zu der indogermanischen Wurzel **prāi-* = schützen, schonen, gernhaben. Aus dieser Grundbedeutung heraus entwickelte sich bei den Germanen »frei« als Begriff im Sinne einer Rechtsordnung – d. h. mit den »Freien« sind die gleichberechtigten Stammesgenossen gemeint im Gegensatz zu den »Unfreien« anderer Völker.

Oft als schönstes Gotteshaus der Menschheit gerühmt – aber irgendwo wird immer gerade restauriert: das Freiburger Münster.

Die »freie Burg« zu Freiburg nun ließ der Zähringer-Herzog Bertold II. um das Jahr 1091 auf dem Schlossberg als das *Castrum de Friburch* errichten. Die Handwerkersiedlung am Fuße des Schlossbergs bekam 1120 durch dessen Sohn Bertold III. das Markt- und Stadtrecht verliehen. Urkundlich erwähnt wird Freiburg 1498 als *Freyburg im Preysgew*, 1258 als *Friborch*, 1236 als *Frybuorg*. Die namenbildenden Freiheiten, mit denen Freiburger Bürger seit der Stadtgründung beglückt wurden, erstreckten sich auf für das Mittelalter ungewohnte Vergünstigungen wie eine freie Wahl der Pfarrer und der Schultheißen (Bürgermeister). Letztere zumindest sorgen in Ermangelung mittelalterlicher Turnierspiele auch in der heutigen Zeit hin und wieder für allerlei öffentlich administrative Kurzweil, wenn sich die staatstragenden Kontrahenten gegenseitig mit Schlamm und Dreck bewerfen. Demokratie kann ja so schön sein ...

Hier scheiden sich die Geister

Kluge Menschen sind stets obenauf. Ob dies aber dazu führt, dass etwa die klügsten Menschen nicht mehr an den Universitäten zu finden sind, sondern womöglich in einem kleinen Weiler (badisch: *Zinken*) auf einer Passhöhe mitten im Schwarzwald, nämlich – nomen est omen – in Gescheid? Eine interessante Hypothese, die zu prüfen und gegebenenfalls zu falsifizieren wäre. Ein Doktortitel jedenfalls macht noch keinen gescheiten Menschen aus, eher schon einen gescheiterten Minister beziehungsweise eine Ministerin, wie sich gelegentlich zeigt.

Wie viele Doctores die paar Häuser von Gescheid zwischen Gutach und Keppenbach beherbergen, ist auf Anhieb nicht zu eruieren. Dafür lässt sich aber mit Gewissheit sagen, dass der Weiler seinen Namen dem mittelhochdeutschen *daz gescheide* verdankt. *Daz gescheide* meint im Grunde nichts anderes als die Grenze, an der sich das Grundwasser entscheiden muss, in welche Richtung es fließt – die Wasserscheide auf einem Höhenrücken also. Im Mittelalter markierte *daz gescheid* im Sinne von Grenze auch weniger eine Landes- oder Gemarkungsgrenze, sondern bezeichnete eher allgemein die Grenze zwischen Äckern und Höfen oder eine Grenzfurche zwischen zwei Äckern. Auf welche Bedeutungsnuance das Gescheid bei Gutach zurückzuführen ist, nun, da scheiden sich die Geister. Das Badische Wörterbuch weiß immerhin eine Quelle anzugeben: »Der Großstädter sollte mindestens das G(e)scheid zwischen Keppersbach und Siegelau kennen, eine lebenswerte Zinken und Pass, wo alte geschichtliche Grenze, volkskundliche und Sprachgrenzen der Wasserscheide folgen.«

Nicht so grün

»Es grünt so grün, wenn Grunerns Blüten blüh'n« – daran dürfte kein Zweifel bestehen. Bemerkenswerterweise soll aber Grunerns Name nichts mit dem wie auch immer üppig blühenden Grün in Grunern zu tun haben. Erste urkundliche Nennungen aus den Jahren 1144 und 1185, die sich allerdings als Fälschungen aus dem 13. Jahrhundert entpuppten, kennen das kleine Grunern unter der Bezeichnung *Groira*. In einer *villa Gruoner* stellten die Herren von Usenberg im Jahr 1283 eine Waldurkunde für St. Trudpert aus. *Gruonz* heißt der Ort um das Jahr 1360, als weitere Schreibweisen finden sich *Gruonr*, *Gruonre* und schließlich *Gruenern* 1740, wiederum in einer Urkunde in St. Trudpert.

Die Herkunft des Namens wird allgemein als nicht gesichert gewertet. Der Karlsruher Archivar Albert Krieger vermutet in seinem Topographischen Wörterbuch des Großherzogtums Ba-

■ *Es grünt in Grunern – auch wenn dies nicht namengebend war.*

den bei den Formen *Gruoren* und *Gruorn* eine Verbindung mit dem Stadtteil Gruol der Stadt Haigerloch im Zollernalbkreis. Er begründet dies mit einer möglichen Herleitung aus dem althochdeutschen *hruore*, mittelhochdeutsch *ruor*, das eine Wildspur im Laubwerk bezeichnete. Das Oberdeutsche Flurnamenbuch von Michael Richard Buck aus dem Jahr 1880 verweist für *Gruorn* auch auf das mittelhochdeutsche *ruore*, das eine zweite Ackerung, also eine zweite Pflügung, bedeutete.

Immer wieder beliebt in der etymologischen Herleitung von Ortsnamen sind auch Personennamen, nach denen eine Ortschaft benannt sein könnte. Für Grunern bringt Krieger hier einen *Griuvelli* und einen *Griuli* ins Spiel. Diese Namen tauchen in dieser Schreibweise zwar in etlichen Urkunden durchaus auf. Allerdings beziehen sich diese mehr auf den Bodenseeraum als auf das Markgräflerland. Also gilt auch weiterhin, was oben schon gesagt wurde: Nichts Genaues weiß man nicht.

Gupf

G'hupft wie gesprungen

Zwischen Bad Bellingen und Kandern findet sich als Ortsteil von Tannenkirch ein kleiner Weiler mit dem schönen Namen Gupf. Im Österreichischen bezeichnet der Gupf einfach »ein Häufchen«.

Aber natürlich bezieht sich Gupfens Name nicht auf die Hinterlassenschaften etwelcher vierbeiniger Dorfbewohner, sondern vielmehr auf die weitere Bedeutung im Sinne von »abgerundeter Gipfel«, was in Anbetracht von Gupfs geografischer Lage am Südhang der Hohen Schule auch durchaus Sinn ergibt. Vom mittelhochdeutschen *Gupf* zum frühneuhochdeutschen *Güpfel* und damit zum Gipfel ist es da nur ein kleiner Schritt. Der Gipfel mit Vanillegeschmack (österr. *Kipferl*) hingegen findet seinen etymologischen Ursprung bei den Holzfällern. Das halbmondförmige Gebäck ist der *Kipf*, der »Wagenrunge«, entlehnt, der seitlichen gebogenen Haltestange eines Wagens für Langholztransporte.

In übertragener Bedeutung steht Gupf ganz allgemein auch für den »oberen Teil von etwas« oder ganz konkret für den »über einen Gefäßrand ragenden Inhalt«. So kann man in den Mengenangaben österreichischer Kochrezepte durchaus einem »gegupften Esslöffel« begegnen.

Nicht unerwähnt bleiben soll eine weitere Nebenbedeutung von Gupf, an deren Definition sich gar die lexikalischen Geister scheiden. Denn wahrlich auf die Spitze getrieben wird der Gupf beim Ei. Laut Duden bezeichnet der Gupf den stumpfen Teil des Eis, das Konkurrenzprodukt aus dem Hause Bertelsmann (Wahrig) hingegen definiert die Spitze des Eis als den Gupf.

Eine zufriedenstellende Lösung dieser weltbewegenden Frage verspricht da allerhöchstens das berühmte Ei des Kolumbus – ein gekochtes Ei, ob stumpf oder spitz, kräftig auf den Tisch geklopft, und die Sache ist gegessen.

Alles gut in Gutach

Der Sage nach gab es zwei Brüder, die bei der Äbtissin des Waldkircher Frauenklosters um die Erlaubnis baten, sich auf dem Gebiet des Stiftes anzusiedeln. Nachdem sie diese bekommen hatten, suchte sich einer der Brüder einen geeigneten Platz am Bach und sagte: »Hier ist's gut!« – und fortan hieß der Ort Gutach. Der andere Bruder fand jenseits des Baches einen passablen Flecken und sagte auf gut Schwarzwälderisch: »Do bleib ich!« – Bleibach.

»Hier ist's gut!« – Schwarzwaldmädel um 1900 bei Gutach.

Die Sage enthält insofern etymologisch gesehen einen brauchbaren Kern, als Verbindungen mit Gewässernamen weit verbreitet sind. Der Namenbestandteil *-ach* als Bezeichnung für ein fließendes Gewässer entstammt dem althochdeutschen *aha* und ist mit dem lateinischen *aqua* (Wasser) eng verwandt. Und so kamen auch die Bäche je nach Temperament und Niederschlagsmenge zu ihren Namen: Gutach (gute Ach), wilde Gutach und Wutach[2] (wütende Ach).

Für Bleibach wird gern auf den silberhaltigen Glanz des Bleis verwiesen, das früher hier abgebaut wurde. Wie bei Bleichheim dürfte aber die Quelle vielmehr im althochdeutschen Wortstamm *bleih* zu suchen sein, das einfach »glänzend« bedeutet. Mit der Vorstellung eines glänzenden beziehungsweise glitzernden quellfrischen Wasserlaufes klärt sich auch auf wunderbare Weise die Vorstellung eines bleichen und eben nicht mehr bleihaltigen Baches.

---

[2] *Letztere übrigens ließe sich eventuell auch ganz gesittet auf eine nicht näher benannte »prähistorische« Sprachwurzel zu wud (= wod, wed, wid, wad) zurückführen, wie andere Namenforscher nicht müde werden zu erwähnen – hier: Hans Bahlow, Deutschlands geographische Namenwelt, Stichwort Wutach. Eine mögliche Verbindung besteht auch zu der unter »waten« genannten Wortgruppe, die sich auf das mittelhochdeutsche waten, althochdeutsch watan (gehen) zurückführen ließe.*

Vom Zaun zum Ritter

»Hach« kann – mit langgezogenem Vokal – sowohl Ausdruck wohligen Behagens sein als auch – kurz betont – als Interjektion den »Ausruf der freudigen Überraschung, einer gewissen Begeisterung, des spöttischen Triumphes« (Duden) bezeichnen. In Zusammenhang mit dem Weiler Hach bei Auggen unweit von Müllheim könnte beides zutreffen.

Nach der »Allgemeinen Encyclopädie der Wissenschaften und Künste« von 1830 ist Hach nämlich »dadurch merkwürdig, daß daselbst schon im Jahre 789 der Weinbau getrieben wurde, wie aus urkundlicher Nachricht entnommen wird«.

Im »Lexer«, dem Standardwerk der mittelhochdeutschen Sprache, findet sich unter Hach der Eintrag: »hach *interj. grobes bäurisches lachen bezeichnend.*«

In den Urkunden wird Hach erstmals im frühen 12. Jahrhundert als *apud Hachon* erwähnt, eine päpstliche Bulle von 1185 nennt Hach als *Hache*, die Variante *Haach* taucht dann 1452 auf. »Kriegers Topographisches Wörterbuch« von 1904 leitet das Auggen'sche Hach von *Anhöhe* ab und bezieht sich hier auf das »Oberdeutsche Flurnamenbuch« von Michael Richard Buck aus dem Jahr 1880. Dieser nennt zweierlei mögliche Bedeutungen von *Hach*: zum einen Habicht und zum anderen eben Anhöhe. Beides erscheint als Namenspatron plausibel, kann aber nicht verifiziert werden.

Auch eine Ableitung aus dem mittelhochdeutschen *hac* ist denkbar, das eine Einfriedung, einen umzäunten Bereich bezeichnet und im süddeutschen *Hag* auch heute noch lebendig ist.

In den Urkunden wird auch »ein ritter selig Heinrich von Hacha« erwähnt, der allerdings nicht dem Ort seinen Namen verliehen, sondern vielmehr diesen dem Orte verdankt.

Heitersheim

Amor über alles

Eine Stadt, die Heitersheim heißt und mitten im reizenden Markgräflerland liegt, muss man einfach lieben. Das tun die Heitersheimer auch, sie haben den römischen Liebesgott Amor sogar zu ihrem Wahrzeichen erhoben und ihm an zentraler Stelle ein Denkmal gesetzt.

Auf hohem Sockel grüßt der 1,60 Meter kleine Kerl huldvoll und pausbäckig in Richtung einer Bankfiliale (Sponsor). Weniger huldvoll, aber ebenso pausbäckig hingegen weist sein Hinterteil zum Alten Rathaus hin. Der solcherart erhabene Liebesgott ist die 22-fach vergrößerte Kopie einer 7,5 Zentimeter großen Bronzestatuette, die bei Ausgrabungen in einem altrömischen Landgut, einer *villa urbana*, gefunden wurde. Die Umrisse des Gutshofes wurden erst 1989 auf Luftaufnahmen entdeckt. Ausgrabungen brachten die Spuren einer ausgedehnten Anlage mit Badehaus, Säulenhallen, mit Blumengärten, herrschaftlichen Gemächern und zahlreichen Wirtschaftsgebäuden zutage. Von dem einstmals blühenden Anwesen ist allerdings nicht viel übrig geblieben. Dafür sorgten schon die Alemannen, die um 230 hier einfielen und keinen römischen Stein auf dem anderen ließen.

■ *Über Heitersheim schwebt der Liebesgott Amor.*

Die klimatisch begünstigte Lage auf den Hügeln oberhalb der von brackigem Wasser und von Stechmücken verseuchten Überschwemmungsgebiete des Oberrheintals hatte die Menschen seit jeher hier siedeln lassen. Im Jahr 777 taucht in einer Urkunde des Klosters Lorsch eine hiesige Ansiedlung als *Hentersheimer marca* auf. Spätere Nennungen und Varianten für das Dorf Heitersheim lauten auf *Heiterschein*, *Heidresheim*, *Haitirshain*, *Heyterzhein*, *Heiterse.*

Hans Bahlow, Guru der Gewässernamen, will in einer allerdings nicht ganz wasserdichten Indizienkette nachgewiesen haben, dass Heitersheim wie viele andere »heitere« Ortsnamen auf eine nicht näher benannte Sprachwurzel mit der Bedeutung von »Sumpf, Moor« zurückzuführen sei. Angesichts der schon angesprochenen Überschwemmungsgebiete des Oberrheintals ist diese Deutung auch nicht gänzlich von der Hand zu weisen. Allgemein jedoch wird die Namenbildung ableitend von einem Personennamen nach einem nicht näher bekannten Herrn *Heiter* als wahrscheinlich angenommen. Angesichts des entspannt und frohgemut auf seiner Stele thronenden Amors erscheint allerdings die Deutung von Heitersheim als »Heim der Heiteren« angemessener als das »Heim des Heiter«.

Vom Ei zur Henne

Heribot, so hieß der – historisch nicht näher fassbare – Gründer, auf den der Name der Stadt Herbolzheim zurückgeht. Früher war es eine weitverbreitete Ansicht, dass die Siedlungsnamen, die auf *-ingen* enden, alemannischen Ursprungs sind, wohingegen Orte, die mit *-heim* gebildet sind, von den Franken gegründet wurden (vgl. *Blodelsheim*). Das trifft nach neueren Forschungen auf die Gegend um den südlichen Oberrhein allerdings nicht zu. Zwar eroberte der Merowinger Frankenkönig Chlodwig um 500 n. Chr. auch den alemannischen Siedlungsbereich, doch es ist unwahrscheinlich, dass die Franken diese Siedlung auch gegründet haben. Die Alemannen des Ortes bestehen nach wie vor auf der höchst unfränkischen Bezeichnung *Härwelze* für Herbolzheim.

Urkundlich erwähnt ist diese Bezeichnung allerdings nicht und daher als Verballhornung zu verstehen. Bis zu *Härwelze* beziehungsweise *Herbelze*, wie die Narren sagen, hat das *Heim des Heribot* im Laufe der Jahrhunderte ansonsten nur relativ wenig sprachliche Veränderungen erfahren. *Herbotsheim*, so die erste urkundliche Erwähnung aus dem Jahr 1184, wurde neben *Herbottshein* 1213 beispielsweise 1357 zu einem *Herbolzhain*, was die Namenendung *-heim* in einem ganz anderen Licht erscheinen lässt. Wurde das Heim zum Hain oder aber der Hain zum Heim? Letztlich, wie so oft in der Wissenschaft, ist das die Frage nach der Henne und dem Ei.

Himmelfahrt und Höllenritt

Ins Himmelreich gelangt man in einer guten Viertelstunde. Jedenfalls von Freiburg aus, wenn man die Höllentalbahn(!) Richtung Neustadt nimmt und an der nächsten Station nach Kirchzarten aussteigt. Da stellt sich natürlich die Frage, was es mit dem Namen *Himmelreich* auf sich hat. Es ist nicht schwer zu erraten, der Flurname *Himmelreich* ist in der Bedeutung von »Paradies« allgemein verbreitet und bezeichnet eine besonders sonnige Reblage oder wurde als Name für ertragreiche Flurstücke gewählt, die sich auf einer erhöhten sonnigen Lage befinden. Der Wortstamm von Himmel findet sich bereits im Alt-

Endstation Himmelreich: Wer wollte nicht gern hier aussteigen?

hochdeutschen als *himil*; das Himmelreich im Mittelhochdeutschen als *himelriche*, wobei *-riche* sich vom althochdeutschen *rihhi* ableitet.

Kurz nach Himmelreich geht's dann aber gleich mal durch drei Tunnel mitten hinein ins Höllental, das allerdings bis ins 17. Jahrhundert noch den ganz manierlichen Namen *Falkensteiner Tal* trug. Zum Höllental sollen es erst die Franzosen gemacht haben, die 1677 die Stadt Freiburg eroberten. Es gehörte zum Kriegsalltag, dass die französischen Besatzer öfter Ausfälle nach Osten machten und die Durchquerung des engen und düsteren Tals des Rotbachs für die französischen Soldaten wohl alles andere als ein Spaziergang gewesen sein muss. Jedenfalls verpassten sie dem Falkensteiner Tal den Namen *Val d'enfer* – Höllental. Solche unliebsamen Begegnungen mit dem räuberischen Bergvolk haben Kaufleute seit eh und je das Fürchten gelehrt, die sich nach geglückter Durchquerung des Höllentals auch wirklich wie im Himmelreich vorkommen mussten.

Daneben gibt es aber noch die weniger spektakuläre Ableitung des Namens aus dem mittelhochdeutschen *hol* oder *höle*, was einfach Höhle bedeutet und allgemein als Flurname für enge, wilde Gegenden, auch steile Bachfluchten gebraucht wird, wie das Badische Wörterbuch weiß.

Das Höllental bietet aufgrund seines aussagekräftigen Namens natürlich jede Menge Stoff für andere Geschichten. Von der Narrenzunft »Dreisamteufel« wird die Sage überliefert, dass am Ausgang des Höllentals einstmals wilde Teufel lebten, die nachts junge Männer aus den Betten holten, damit sie ihnen gewissermaßen im Schlafe Gold an der Dreisam (**tragisamā*, »die sehr Schnelle«) wuschen. Am nächsten Morgen fühlten sich die Burschen wie gerädert, konnten sich an ihre nächtliche Knochenarbeit allerdings nur noch vage erinnern.

Die bekannteste Sage über das Höllental ist natürlich die Legende vom Hirschsprung, nach der ein verzweifelter Hirsch auf der Flucht vor einem Jäger an besagter Stelle einen riesigen Satz über das Höllental gemacht haben und so dem Verfolger entkommen sein soll. 1856 wurde der sprunggewaltige Hirsch zunächst mit einem hölzernen Modell, 1907 dann mit einer Bronzestatue an der klammartigen Engstelle inmitten des Höllentals verewigt. 2012 bekam er von unbekannten Kletterkünstlern gar ein schönes Paar Flügel verpasst, mit denen er wie einst Pegasus über das Tal hätte segeln können. Dagegen allerdings hatte die zuständige Verwaltung etwas einzuwenden, und dem solcherart beflügelten Hirsch wurden flugs die Schwingen wieder gestutzt. So steht der Hirsch auch weiterhin unerschütterlich auf seinem Felsvorsprung.

Kletterkünstlern sei Dank: Der geflügelte Hirsch wacht über das Höllental.

Die Geschichte vom Hirschsprung ist so beliebt, dass sie ganz ähnlich an der bayrisch-thüringischen Grenze im Frankenwald erzählt wird. Auch dort gibt es die Statue (allerdings nur aus Holz) eines Hirschs, der, in die Enge getrieben, über das dortige Höllental gesetzt haben soll. Das fränkische Höllental verdankt seinen Namen einem mutigen Köhler, der sich nächtens mit keinem Geringeren als dem Teufel angelegt haben soll. Der Leibhaftige soll ob dieses unziemlichen Benehmens so erzürnt gewesen sein, dass er wutentbrannt mit seinem Pferdefuß aufstampfte und sich dabei im Fränkischen die Schlucht des Höllentals aufgetan habe. Dass der kleine Ort am Ausgang des Tals tatsächlich *Hölle* heißt, macht das fränkische Inferno zwar perfekt, sollte einen gläubigen Menschen aber nicht von einem Besuch des Höllentals abhalten.

Hoch oben im Sumpf

Darüber, wie und wann die Hochebene oberhalb des Hexentals besiedelt wurde, lässt sich heute nicht allzu viel sagen. Ein Brand im Horbener Rathaus 1856 hat alle diesbezüglichen Unterlagen vernichtet, sodass nur noch wenige Quellen zur Verfügung stehen. Die »Allgemeine Encyclopädie der Wissenschaften und Künste« aus dem Jahr 1833 von Samuel Ersch und einem gewissen Hermann Brockhaus kann zur Quellenlage immerhin beitragen, dass Horben »in älteren Zeiten [...] unter dem Namen der Horberberg eine Besitzung der Schnewlin [war], dann der von Bernhausen, die es im Jahr 1582 an die Stadt Freiburg verkauften«.

In Breisgauer Urkunden taucht zu Beginn des 12. Jahrhunderts ein sogenanntes edelfreies (adliges) Geschlecht auf, das sich als die Herren *zu Horwen* bezeichnet und angeblich auf dem Horber Berg eine Burg gehabt habe. 1152 wird ein *Cuono de Horwe* erwähnt. Im Hochmittelalter werden verschiedene Vögte *zuo Horwen* genannt. Die Schreibweise *Horwin* erscheint 1161, in der heutigen Form *Horben* erstmals 1542.

Die älteren Quellen aus dem 19. Jahrhundert sind sich hinsichtlich der Etymologie einig, dass der Name Horben von dem althochdeutschen Adjektiv *horo, horawes* (= sumpfig) stammt, das auch für noch weit unangenehmere Dinge benutzt wurde. Die ersten Horbener dürften es also nicht leicht gehabt haben, als sie das Hochplateau am Westhang des Schauinsland besiedelten. Dessen Name hinwiederum spricht für sich, und den einzigartigen Panoramablick rund um das Rheintal, die Vogesen und den Schwarzwald haben sicherlich auch die Siedler genossen, als sie diese Gegend urbar machten.

Von der Jungsteinzeit bis zum Burgfräulein

Das Winzerdorf Jechtingen kann auf eine jahrtausendelange Geschichte zurückblicken. Die günstige geografische Lage zwischen Hochberg und Rhein ließ die Menschen schon zur Jungsteinzeit hier siedeln, wie archäologische Funde belegen. Später ließen sich die Römer dort nieder, da hier eine wichtige West-Ost-Verbindung vom nördlichen Rand des Kaiserstuhls in den Schwarzwald hinein verlief. Ein weithin sichtbarer Hinweis auf die Anwesenheit der Römer ist die Burg Sponeck aus dem 13. Jahrhundert, in deren Garten noch die Überreste eines römischen Kastells zu finden sind. Wo heute die Burg mit dem pittoresken Rapunzel-Balkon aus der Landschaft ragt, gab es zu Zeiten der Römer einen wichtigen Rheinübergang. 378 n. Chr. zerstörten die Alemannen das Kastell. Die an dieser Stelle heute noch bestehende Burg wurde von einem Ritter namens *Spenli* erbaut, von dem die Burg Sponeck den Namen hat.

Erstmals urkundlich erwähnt wird *Uchtingen* im Jahr 1284. *Das dorf ze Üchtingen* (1309) wird in den folgenden Jahren zu Ütingen, Ühtingen, Úhtingen, Úchtingen, bis es endlich 1551 in der heutigen Form *Jechtingen* in den Breisgauer Archiven auftaucht.

■ *Idyllisch gelegener Winzerort mit langer Geschichte: Jechtingen.*

Die Namenendung *-ingen* verweist auf die Zugehörigkeit zu einem Personennamen (vgl. *Bischoffingen*) und zeigt damit an, dass sich nach den Römern ein alemannischer Stammesführer namens *Uchto* hier angesiedelt hat. Der Name des ehemals *Uchtingen* genannten Dorfes bedeutet also »bei den Angehörigen des Uchto«.

Kalte Gerichte und alte Gerüchte

Jeder, der von Freiburg kommend über den Schwarzwald fahren möchte, hat schon von ihm gehört: dem Höhengasthaus mit dem höchstens für passionierte Wintersportler einladenden Namen *Kalte Herberge*, der schon seit 1480 belegt ist. Die Kalte Herberge trägt ihren Namen völlig zu Recht. Nicht nur weil ihre exponierte Lage in 1030 Metern Höhe nicht gerade tropische Temperaturen vermuten lässt. Auf den Höhenzügen des Schwarzwaldes kann es nächtens auch im Hochsommer durchaus mal empfindlich kalt werden. Diesem Umstand dürfte die Legende geschuldet sein, in nicht allzu grauer Vorzeit sei es im Juni dort oben einmal so kalt geworden, dass ein Handwerksbursche gar auf der Ofenbank erfror. Nette Geschichte, aber ob

Eisige Kälte, sicheres Versteck oder doch nur Vesperbrot? Um die Kalte Herberge im Hochschwarzwald ranken sich allerlei Gerüchte.

sich das wirklich so zugetragen hat, verliert sich dann doch im Dunkel der Jahrhunderte.

Eine andere Erklärung für die Herkunft dieses Namens liefern Geschichten, nach denen in unsicheren Zeiten die Bauern aus der Nachbarschaft und Bürger der nahegelegenen Städte ihre Vorräte und Wertsachen in den versteckten Kellergewölben des Gasthauses in Sicherheit gebracht haben sollen. Denn im alten Schwarzwälder Dialekt gab es das Wort *verkalten*, was nichts anderes als »verstecken« meint. Doch auch diese Deutung klingt ein wenig nach Schwarzwälder Jägerlatein. Hatten die Bauern und Bürger wirklich so viel Vertrauen in die Wirtsleute da oben auf dem Berge? Und warum sollten marodierende Banden oder ähnliche finstere Gesellen nicht gerade einen so abgelegenen Hof mal etwas genauer unter die Lupe nehmen?

Die Wahrheit um die Herkunft dieses Namens dürfte weit weniger dramatisch sein, um nicht zu sagen: äußerst profan. Denn dem Badischen Wörterbuch von Ernst Ochs von 1997 zufolge deutet der Name *Kalte Herberge* auf Gastwirtschaften hin, die den Gästen einst kein warmes Essen, sondern lediglich einen kalten Imbiss, etwa ein *Viererbrot* oder ein Vesper boten. Kalte Gerichte also statt alter Gerüchte.

Karl der Dicke, Otto der Große und Canzo der Ungewisse

Kennen Sie Kenzingen? Die Kleinstadt an der Alten Elz bekam 1249 von Rudolf II. das Stadtrecht verliehen. Kenzingen konnte damals schon auf eine sich über viele Jahrhunderte erstreckende Geschichte zurückblicken. Als *in Kencinger marca* wird 773 das alemannische Dorf erstmals im Lorscher Codex urkundlich erwähnt. Die hessische Benediktinerabtei verfügte damals über einen umfangreichen Besitz in unserer Region. Als weitere Namenvarianten finden sich in den Urkunden *Chenzinga in pago Brisikeuue* im Jahre 972, *villa Chencingen* 1262, *Keincingen* 1262, *Kencingin* 1298, *Kunzingen* 1315, *Kentzingen* 1351, *Kenczingen* 1360 und im Jahr 1333 auch *Keinzingen.*

Namentlich als Stadt erwähnt wird *Civitas Chenzingen* 1253, *oppidum Kenzingen* 1283, im selben Jahr auch als *municipium* beziehungsweise *munitio Kenzingen.* Die ehemalige Kenzinger Burg findet 1094 als *castrum Cancingen* in den Urkunden Erwähnung.

Die Könige Karl der Dicke (839–888) und Otto der Große (912–973) verschenkten ihre Besitzungen in Kenzingen an das Kloster Andlau im Elsass und das Kloster Einsiedeln in der Schweiz. Die Herren von Üsenberg übernahmen um 1200 den Ort, dem Rudolf II. dann auch die Stadtrechte verlieh. Etwa hundert Jahre später verscherbelt Friedrich von Üsenberg 1352 seine Stadt mitsamt der Burg für 2440 Mark Silber an den Markgrafen Heinrich IV. von Hachberg. Und nur sieben Jahre später fällt Kenzingen an die Österreicher, ehe es nach weiterem schwunghaften Handeln und Händeln 1806 endlich in die Obhut des Großherzogtums Baden kommt.

Aber woher stammt eigentlich der Name? Wenn sich auf Anhieb keine schlüssigere Herleitung finden lässt, wird von den Namenforschern gerne ein alemannischer Personenname herangezogen, der als Taufpate fungieren kann. In diesem Fall soll es ein gewisser *Canzo* sein, dem die Kenzinger ihre Zugehörigkeit verdanken.

Kirchhofen

Wein und Gebet

Die Namenherleitung von Kirchhofen fällt nicht allzu schwer – der Hof der Kirche eben. Und natürlich auch in der Nutzung des mittelhochdeutschen Kirchhofs als Friedhof. Das schon im Althochdeutschen und Mittelhochdeutschen übliche Substantiv *Hof* wird mit der indogermanischen Wurzel **keup-p-* (biegen, Wölbung, Höhlung) in Verbindung gebracht. Die Sprachforscher unterscheiden zwei mögliche Bedeutungen. Beispielsweise im Sinne von »Gebäude auf einer Anhöhe«, wie im norwegischen *hov*. Oder in der hierorts eher gebräuchlichen Bedeutung »geflochtener Zaun, eingehegter Raum«.

Kirchhofen wird in einer Urkunde erstmals als *Kilchoven* 1087 genannt, erste Siedlungsspuren lassen sich auf das Jahr 805 datieren. Spätere Eintragungen lauten auf *curtis Chichoven* 1190, *villa Chilchoven*, *Kirchofen* im 14. Jahrhundert, *Kilchofen* 1322, *Kilchhoven* 1330. 1426 ist von einem Edelknecht aus *Ampringen* die Rede, der *in der kylchen ze Kylchofen* zugange war. Die Schreibweisen *Kilchoffen* 1465 und *Kyrchhofen* 1576 vervollständigen die Reihe.

■ *Namengebend: die barocke Kirche in Kirchhofen.*

Die mittelhochdeutsche Schreibweise *kilche* für Kirche ist als *chilbi* oder auch *kilwi* (= Kirchweih) im südwestlichen Teil Badens immer noch präsent.

Neben seiner schönen barocken Wallfahrtskirche ist Kirchhofen auch für das Schloss des Reichsfreiherrn Lazarus von Schwendi bekannt. Abgesehen von dessen humanistischer Gesinnung dürfte seine vielleicht folgenreichste historische Leistung darin liegen, dass er von einem seiner erfolgreichen Feldzüge in Ungarn die Tokayer Rebsorte mitgebracht und hier heimisch gemacht haben soll. Dafür gibt es zwar keinen stichhaltigen Beweis, aber genügend gute Gründe, dieser Legende Glauben zu schenken.

Aussiedlerhof der Emmendinger

Kollmarsreute ist im Gegensatz zu seiner großen Schwester im Elsass (Colmar = lateinisch *Columbarium* = Taubenhaus) auf einen Personennamen zurückzuführen. Als Namengeber sehen viele Historiker die Breisgauer Rittersfamilie *Kollman* an, die einst Herren auf der Wilden Schneeburg bei Oberried und zumindest vorübergehend auch der Burg Landeck bei Teningen waren. 1385 wird Kollmarsreute in den Breisgauer Archiven als *ze Kolmers Ruti in Brisgowe* erwähnt. Um 1400 taucht die Schreibweise *Colmansruti* auf, ebenfalls um 1400 ist vom *Emattinger banne ze Kolmarsruti* die Rede. Aus diesem Eintrag lässt sich schließen, dass es sich bei Kollmarsreute mit hoher Wahrscheinlichkeit um eine Aussiedlung von Emmendingen handelt. Für eine Aussiedlung spricht auch der zweite Teil des Namens, denn mit *reuten* wurde früher die Rodung eines Geländes bezeichnet. Es liegt also der Schluss nahe, dass sich – aus welchen Gründen auch immer – dermaleinst einige Emmendinger in den Wald um Kollmarsreute aufgemacht hatten, um Platz für eine Siedlung zu schaffen, und zu diesem Behuf die Bäume mit Stumpf und Stiel *ausrotteten* – ein Wort übrigens, dessen sprachliche Wurzel eng mit *reuten* verwandt ist (vgl. *Oberried* und *Reute*).

Echte Römer und falsche Urkunden

Das Gebiet um Köndringen dürfte bereits vor 2000 Jahren von den Römern besiedelt gewesen sein, da in unmittelbarer Nähe eine wichtige Römerstraße verlief, die das Elsass mit der Baar verband. Bei dem auf dem *Bürgle* vermuteten römischen Wachturm handelt es sich aber wahrscheinlich um die Überreste einer abgegangenen Burg aus dem Mittelalter. Als *villa Chuniringa* findet Köndringen eine erste amtliche Erwähnung in einer gefälschten Urkunde des Klosters Murbach, die auf das Jahr 977 zurückdatiert wurde.

Blick auf die evangelische Kirche in Köndringen.

Ein erster gesicherter Beleg findet sich im Schnapszahljahr 1111, wo in einer Kopialüberlieferung (tatsächliche Inschrift einer Quelle im Wortlaut) die Namenvariante *Kuinringen* auftaucht. Als weitere Schreibweisen kursieren in den Urkunden *Cunringon* (1139), *Chunringen* (1264), *Kunringen* (1279), *Kungringen* (1510), *Konnringen* (1514), *Kindringen* (1528) und *Kündringen* (1525), aus denen sich irgendwann die Form *Köndringen* herausbildete. Die Namenendung *-ingen* weist auf die erste Besiedlung durch die Alemannen im 5./6. Jahrhundert hin und bezeichnet die Zugehörigkeit zu einem Personennamen (vgl. *Bischoffingen*). Für Köndringen beziehungsweise *Chuniringa* wird ein alemannischer Herr *Cuniro*, *Cunari* oder *Cunihari* als möglicher Namenspatron angenommen.

Kein König weit und breit

Was hat ein König in Hausen zu schaffen? Ein König war es wahrscheinlich nicht, der am Kaiserstuhl zugange war. In den Breisgauer Archiven taucht ab dem 14. Jahrhundert immer wieder ein gewisser *Künge* oder *Kunige* auf, der dort ein *Schafhusen* oder *Schaffhusen* sein eigen nannte (*Schaffhusen des künges* 1341; *ze Kuniges Schafhusen bi Endingen*; *Küngesschaffhausen* 1408).

Die erste Nennung geht schon auf das Jahr 994 zurück, wo von einer *villa Scafhuson* die Rede ist, die bereits 1094 zur *villa Schafhusen* wird. Und damit wäre dieser Namensbestandteil schon einmal geklärt, denn *scaf* ist kein Schreibfehler, sondern das althochdeutsche Wort für das gute alte Schaf.

Anders hingegen verhält es sich mit dem Schweizer Schaffhausen (*Scephusen – Scefhusen – Scafhusen*) am Rheinfall, das seinen Namen aus dem mittelhochdeutschen *sceph* = Schiff ableitet, was einen Hinweis auf die Schifffahrt am Rhein geben soll.

Die Namenendung *-hausen* wird in der Forschung zu den sogenannten Siedlungsnamen gezählt und zeigt die Zugehörigkeit zu einem Ort an. Wie auch für Rheinhausen erklärt, hat *-hausen* die Bedeutung »bei den Häusern« und ist auf das althochdeutsche *hus* zurückzuführen, das wiederum von der indogermanischen Wurzel *[s]keu* = »bedecken, umhüllen« stammt.

Auf dem Bettlerpfad

Der kleine Weinort bei Sulzburg wird in den Archiven das erste Mal im Jahr 820 in einer St. Galler Urkunde als *ad Laufin* erwähnt. Als *Loffin* taucht das Dorf 1175 und als *Loufen* im Jahr 1210 auf. Weitere Schreibweisen sind *Loefen*, *Louphen*, *Louffen*, *Loufen* und *Loffen*.

Die Quellenlage zur Herkunft des Namens ist dünn, dafür aber einzigartig. Albert Kriegers Übersetzung Laufens als »Berg am (Wasser-)Lauf« steht in der Literatur jedenfalls beispiellos da. Dem Karlsruher Archivar zufolge bezieht sich der Name Laufen auf das althochdeutsche Wort *loufo*, mittelhochdeutsch *louf*, was Stromschnelle oder Wasserfall bedeutet. Für die beiden Laufenburgs am Rhein mag das eindeutig zutreffen: *bi dem Lovffen* (Lauffenburg) 1347. Dass die »Stromschnellen« des Hohlenbachs und des Hahnengrabens in Laufen bei Sulzburg für die Herleitung des Namens ausschlaggebend gewesen sein sollen, scheint hingegen doch eine recht gewagte Hypothese zu sein.

Die Schreibweise *Louphen* lässt zudem an das mittelhochdeutsche *loup* für Laub oder Blatt denken, was in Hinsicht auf die Namenherkunft auch nicht von der Hand zu weisen ist. Und da ferner durch Laufen der bei Wanderern allseits beliebte historische Bettlerpfad verläuft, ließe sich zu diesem ebenfalls eine nicht ganz unplausible Verbindung herstellen.

Nichts für Ungeziefer: Schloss Hohenlupfen bei Lausheim.

Ganz im Geheimen

Auf der Mauer, auf der Lauer, sitzt ne kleine – Laus! Von dieser hat der Stadtteil Lausheim (Stühlingen) seinen Namen allerdings nicht. Sondern eher von seiner versteckten, verborgenen Lage, wo die in Lausheim nicht heimische Laus quasi auf der Lauer liegt.

Lausheim erscheint als *Lusheim* oder *Luucheim* in einer Kopialüberlieferung aus dem Kloster St. Gallen erstmals um das Jahr 850, die sich auf das Datum 780 bezieht. Andere Varianten sind *Lushaim* oder *Lushain* um 1290, *Lussehain* und *Lusshain* um 1350. Später tauchen noch die Schreibweisen *Lussen*, *Lujßhem*, *Lußhein* und *Laussen* auf.

Das dem Namen vorangestellte Bestimmungswort *Lus-*, *Luss-* oder *Luz-* geht auf das mittelhochdeutsche *luz*, *luze*, »Versteck, Lauer«, und das alt- und mittelhochdeutsche *luzen*, »verborgen liegen, heimlich lauern«, zurück. Mit *L(a)usheim* ist also ein Ort gemeint, der verborgen, versteckt liegt.

Das angehängte Grundwort *-heim* lässt sich auf die alten Goten zurückführen und in seiner auch heute noch gültigen Bedeutung auf die noch ältere indogermanische Wurzel **kei* = »liegen, Lager« (vgl. *Blodelsheim*, *Herbolzheim*).

Von Vögeln und Bäumen

»Es war nicht die Nachtigall, es war die Lerche«, der Lörrach seinen Namen verdankt? So jedenfalls könnte man in Verkehrung des berühmten Dichterwortes denken, wirft man einen Blick auf das Stadtwappen. Allerdings stammt das Wappenbild aus dem

■ *Auch wenn die Lerche wohl nicht namengebend war: Lörrach aus der Vogelperspektive, rechts die Burg Rötteln.*

Jahr 1756 und ist somit eher als bebilderter Hinweis, als »redendes Symbol« denn als tatsächliche Quelle des Ortsnamens Lörrach zu verstehen.

Die erste urkundliche Erwähnung Lörrachs findet sich im Jahr 1102 als *Lorach* und *Lorracho*. 1237 *Loraha*, im Jahr 1301 als *Lörra*. Die einschlägigen Lexika können mit einer gesicherten Deutung nicht dienen, verweisen stattdessen auf eine »mit großer Wahrscheinlichkeit vorgermanische« Herkunft des Namens.

Um diesem auf die Spur zu kommen, fangen wir von hinten an. Ortsnamen mit der Endung *-ach* lassen sich im süddeutschen Raum auf das althochdeutsche *aha* für »fließendes Wasser« zurückführen, das mit dem lateinischen *aqua* eng verwandt ist (vgl. *Aha*, *Bleichheim*, *Breisach*, *Gutach*). Das fließende Gewässer, auf das sich der Name bezieht, ist natürlich der Fluss Wiese. Diese Wiese wiederum geht etymologisch auf eine alteuropäische Wortwurzel *vis*, *is-*, für Wasser beziehungsweise auf das indogermanische **ueis-* = »fließen«, »zerfließen« zurück und hat beim Wort genommen also mehr mit der norddeutschen Weser als mit gemähtem Grünland gemeinsam.

Dennoch ist der Hinweis auf die Botanik durchaus hilfreich. Denn in den etymologischen Erklärungen aus Flurnamenbüchern des vorvergangenen Jahrhunderts stößt man auf die vom

Althochdeutschen *loh*, beziehungsweise *lō** abweichenden Wortformen *Löhr, Löer* und *Lörer*, die mit dem lateinischen *lucus* für »Hain«, »Gehölz« verwandt sind und allgemein für »Wald« stehen.

Ebenso dürfte das althochdeutsche **larihha* nicht nur rein zufällig an die Namensnennung *Loraha* für Lörrach aus einer Urkunde von 1237 erinnern. Mit dem althochdeutschen Kieferngewächs *larihha** beziehungsweise *laricha**, mittelhochdeutsch *larche,* ist eindeutig die sommergrüne Lärche gemeint.

Dann war's also doch die Lärche und nicht die Nachtigall, der Lörrach seinen Namen verdankt. Auch wenn diese nicht fliegen kann – dafür aber umso stärker im südbadischen Boden verwurzelt ist.

Maler und Ehestifter

Maleck – ein malerisches Eck, das Künstler aus aller Welt anzieht, die schöne Landschaft mit der reizvollen Ruine Hochburg zu verewigen? Das trifft für Maleck sicherlich auch zu, ist aber nicht der eigentliche Grund für die Namengebung. Nach allem, was man weiß, entstand das Dorf zwischen dem 10. und 12. Jahrhundert als Rodungssiedlung. 1341 wird die Siedlung im Güterbuch des Klosters Tennenbach als *villa Malnegge* erstmals genannt. Überliefert sind auch die Schreibweisen *Malneck* und *Malnneck*. Übereinstimmend wird in den meisten Quellen die ursprüngliche Bedeutung von Maleck in Verbindung mit einem Personennamen genannt. *Ecke des Malo* oder *Ecke des Maleno* werden herangezogen. Die Herren *Malo* oder *Maleno* selbst allerdings scheinen im Dunkel der Geschichte verschwunden zu sein. Eine andere Möglichkeit, wie Maleck zu seinem Namen gekommen ist, wäre die Verbindung des Gewannnamens *Auf der Eck* mit dem mittelhochdeutschen *mâl* oder *mahel*, althochdeutsch *mahal*, der mittelalterlichen Bezeichnung für »Gerichtshof« oder »Versammlung«. Dann wäre also Maleck dem Namen nach ein Ort gewesen, an dem früher Gericht gehalten wurde. Im heutigen Deutsch findet sich das mittelalterliche *mâl* übrigens noch in Ableitungen wie Gemahl oder vermählen. Von der etymologischen Herleitung etwaige juristische Folgerungen zu ziehen, verbieten Redlichkeit wie Lebenserfahrung gleichermaßen.

Malterdingen

Wo Malthart metzgert

Erstmals erwähnt wurde Malterdingen im Jahr 1016 in einer Schenkungsurkunde von Kaiser Heinrich II. an das Kloster Schuttern. Diese Urkunde hat allerdings den kleinen Schönheitsfehler, dass sie nach wie vor als Fälschung gilt.

Erwiesen ist hingegen aus Grabungen, dass bereits in der frühen Eisenzeit zwischen 1000 und 500 vor unserer Zeitrechnung die ersten »Malterdinger« im Wald lebten und dort Gräber hinterließen. Und ebenso sicher können die Malterdinger auf eine über 800-jährige Tradition im Weinbau verweisen.

Im Jahr 1418 wurde Malterdingen durch Markgraf Bernhard I. das Marktrecht verliehen, was um diese Zeit ein besonderes Privileg darstellte. Darüber hinaus verfügte Malterdingen auch über das Salzrecht und das Recht der *Metzig*, was nichts anderes bedeutete, als dass die Malterdinger ihr Vieh nicht nur füttern, sondern auch schlachten (»metzgern«) durften.

Die in den Urkunden auftauchenden klangvollen Namen *Arnoldus miles de Maltirtingin*, *Adelbertus et Wolpertus iunior de Maltertingen*, *Clewi von Malthertingen* oder *Alker de Maltertingen* lassen darauf schließen, dass der Name Malterdingen sich aus dem Personennamen *Maltertinc* ableitet, was die Nachkommen eines gewissen *Malthart* bezeichnet.

Vom Mahl zum Maul – sozusagen von der Hand in den Mund

Trotz seines sprechenden Namens haben die Einwohner von Maulburg vermutlich keine größere Klappe und auch nicht mehr zu meckern als die in vergleichbaren Orten.

Und das gilt schon seit der Steinzeit, wie Bodenfunde auf der Gemarkung Maulburg belegen. In neuerer Zeit wurden römische Mauerreste entdeckt. Die Alemannen siedelten sich um das Jahr 500 in Maulburg an, wovon noch ein Steinplattengrab zeugt, das auf die Zeit um 700 datiert werden konnte.

Urkundlich erwähnt wird das Dorf im Wiesental nahe Schopfheim erstmals im Jahr 786 in einer Schenkungsurkunde im Archiv des Klosters St. Gallen in der Schreibweise *Murperch*. In späteren Eintragungen wird Maulburg als *in banno Miulberc* (1254), und als *Mulberch* (1278) erwähnt. 1328 dann ist von *dem dorfe und dem banne ze Mulberg* die Rede, das dann 1562 zu *Mülberg* und 1576 schließlich zu *Maulberg* wird. Wann genau sich allerdings der *-berg* zur *-burg* gewandelt hat und wo Letztere verblieben ist, entzieht sich bislang der Forschung.

■ *Hier sogar mit »Maulwurfshügel«: die katholische Kirche von Maulburg.*

Da für Maulburg urkundlich zumindest eine

Getreidemühle und zwei Papiermühlen belegt sind, dürften diese auch als hinreichende Erklärung für den ersten Namensbestandteil angesehen werden. Somit käme eine ursprüngliche Bedeutung im Sinne von *Mühlberg* durchaus in Betracht, zumal Maulburg im ortsüblichen Dialekt auch heute noch *Mulberg* genannt wird.

Merzhausen

Wieder mal die Römer

Merzhausen, von einigen seiner Bewohner auch liebevoll »Herzmausen« genannt, ist einer der Orte im Breisgau, die schon recht früh urkundlich genannt wurden.

In einem Dokument vom 26. Dezember 786 findet Merzhausen eine erste Erwähnung als *villa qui dicitur Meresusir*. Darin übertragen ein gewisser *Heimone* (Heimo) und seine Tochter *Svanailta* (Svanahilt) ihren Besitz *Meresusir* (Merzhausen) an die Abtei St. Gallen. Ein paar Jahre später ist von Merzhausen als *in pago Prisigauia ad Merishusum* die Rede – womit ganz nebenbei auch die Herleitung der nordfriesischen Stadt *Husum* = Hausen (= bei den Häusern) geklärt wäre.

804 wird Merzhausen wieder als *Merishusa marcha* erwähnt, als *Mershusen* 1299 und *Merßhusen* 1429 und als *Mertzhußen* 1504. Der erste Teil des Namens ist nach den Erkenntnissen der Namenforschung auf den Personennamen *Maro* zurückzuführen. Da der Name *Maro* auch als der Beiname des römischen Dichters Vergil bekannt ist, ließe sich unter Umständen die Siedlungsgeschichte Merzhausens bis in die Spätantike zurückverfolgen. Auch ein frühchristlicher Märtyrer ist unter dem Namen *Maro* bekannt geworden, der unter der Herrschaft des römischen Kaisers Trajan von dessen Schergen wegen christlicher Umtriebe enthauptet wurde.

Herr Mugge und die Mucken

Bei Wanderern und Wintersportlern genießt das Bergdorf Muggenbrunn an der Südflanke des Schauinsland einen ausgezeichneten Ruf. Für das 16. Jahrhundert findet sich eine Urkunde mit der Erwähnung des Ortes als *Muggembrunen.* Möglicherweise erinnert der Ortsname an die Rodung des Hochtals, bei der sogenannte *Muggen* (= Baumstümpfe) beim Roden stehen geblieben sind.

Laut Auskunft der Gemeindeverwaltung allerdings bedeutet der Ortsname »das Dorf am Brunnen des Mugge«, welcher hier das erste Anwesen errichtete. Dieser ominöse *Mugge* hinwiederum gehe auf den Personennamen *Mucco* zurück, was eine Koseform vom mittelhochdeutschen *Muotære* oder *Mouter* ist. Und das ergibt durchaus Sinn, denn laut Lexers Mittelhochdeutschem Handwörterbuch ist der *Muotære* jemand, »der eine Bergbaubewilligung nachsucht«. Bekanntlich war der Schauinsland lange Zeit für seinen Silberabbau berühmt.

Von Mucken umlagert? Fahrt durch Muggenbrunn.

Aber wie meist in der Etymologie gibt es natürlich auch noch andere Herleitungen. Der Badener denkt bei Mugge zuerst wohl an die Mucke, und bei Ortsnamen wie *Muggenbrunn* oder gar *Muggensturm* (lies: Muggens-turm) bei Rastatt stellen sich dann ganz andere Assoziationen ein. Bevor allerdings apokalyptische Visionen von Myriaden blutdürstiger Stechmücken rund ums Dorf aufkommen, muss daran erinnert werden, dass mit Mucken natürlich hierorts die badischen Mücken, also Fliegen, gemeint sind. Und nach dieser Erklärung bedeutet Muggenbrunn nichts anderes als einen Brunnen, an dem sommers die Mucken (Eintagsfliegen) massenhaft ausschwärmen.

Andere Etymologen betrachten die Mucken wiederum als vollkommen unschuldig in Hinsicht auf die Namengebung und gründeln stattdessen tief im Bodensatz der lateinischen Sprache. Diesen zufolge wird für Muggenbrunn auf das lateinische *mucus* für Schleim und *mucere* für schimmeln verwiesen. Folgt man dieser Deutung, wäre Muggenbrunn dann etwa »ein Dorf an sumpfiger Stelle«. Aus anderen Quellen wiederum tauchen aus den Tiefen der Sprachwissenschaft etliche alteuropäische Gewässernamen auf, und der eine oder andere Sprachforscher meint, mit *muc-ena* für »Faulbach« die einzig richtige Erklärung gefunden zu haben.

Mummelsee

Mehr Rummel als Mummel

Sagenhaft wird's dann »hoch auf dem Tannenberge, da ist ein schwarzer See«[3] – der Mummelsee. Dessen unergründliche Tiefen boten seit jeher Stoff für ebenso düstere wie romantische Legenden und fanden auch Eingang in den barocken Schelmen-

[3] *Aloys Wilhelm Schreiber, Der Mummelsee, Vers 1.2. Die Sagen rund um den See inspirierten auch Eduard Mörike zu seinem Gedicht Die Geister am Mummelsee.*

Der Sage nach Heimat der lieblichen Mümmlein: der Mummelsee.

roman von Hans Jakob Christoffel von Grimmelshausen, »Abenteuerlicher Simplicius Simplicissimus«.

Die schönste Legende[4] erzählt von einem prachtvollen kristallenen Schloss am Grunde des Sees. Darin leben gar wundersame, liebliche Seefräulein – Mümmlein –, die jede Nacht an die Oberfläche des dunklen Gewässers steigen, anmutig am Ufer tanzen und zuweilen die Bauern im Tale besuchen. Allerdings mussten sie wieder schnell zurück in den See, sobald es Nacht wurde – so der Befehl des Mummel-Königs. Dummerweise verliebte sich eines der schönsten Seefräulein unsterblich in einen jungen Bauernsohn. Bei der Kirchweih konnte sie einfach nicht von ihm lassen, tanzte Tanz um Tanz mit ihm, bis die Kirchturmuhr schließlich zehn schlug. Zu spät! Sie nahm den Liebsten an die Hand, eilte mit ihm zum Bergwald hinauf und sprach die unsterblichen Worte: »Jetzt werden wir uns wohl nimmer sehen, denn ich werde sterben müssen. Warte noch eine Weile am Ufer. Steigt Blut aus der Tiefe, so habe ich mein Leben verloren; wenn nicht, werde ich bald wieder bei dir sein.«[5] Mit einer Weidenrute schlug sie dreimal aufs Wasser – eine marmorweiße Treppe erschien, auf der sie hinab ins Unterwasserschloss schritt. »Es war dunkle Nacht, und keine Welle regte sich. Da stieg eine kleine dunkle Woge aus der Tiefe des Sees empor. Es war das Blut des armen Mümmleins.«[6] Das traurige Ende einer

4 *Schön erzählt unter: http://www.mummelsee.de/de/mummelsee.htm*
5 *Ebd.*
6 *Ebd.*

durchtanzten Nacht. Grimmelshausen ließ seinen Simplicissimus sogar noch tiefer tauchen, nämlich bis zum Mittelpunkt der Erde.[7] In etymologischer Hinsicht gibt Grimmelshausen auch selbst einen Hinweis auf die Herkunft des Namens: »... der teutsche Name Mummel-See gebe gnugsam zu verstehen, daß es um ihn wie um eine Mascarade, ein verkapptes Wesen sei ...«[8] Die geheimnisvolle Tiefe des Sees spiegle seine Unergründlichkeit auch in seinem Namen.

Den Blick auf die Oberfläche des Mummelsees richtet die Gemeinde Seebach, nach deren Auskunft der Name des Sees auf die in dem Mummelsee-Gedicht von Aloys Wilhelm Schreiber erwähnten weißen Seerosen zurückzuführen sei, die darin früher zahlreich blühten und im Volksmund Mummeln genannt werden. Heutzutage blüht im Sommer hier hauptsächlich der Ausflugstourismus – mehr Rummel als Mummel.

Hat nun gar nichts mit Hausmüll zu tun

Auch wenn schon so mancher Lokalredakteur in der Hektik des redaktionellen Alltags ein »h« verloren und aus einem Einwohner der altehrwürdigen Markgrafenstadt einen »Mülleimer« gemacht hat – mit Müll hat Müllheim definitiv nichts zu tun. Zumindest nicht dem Namen nach. Denn das heute allgemein gebräuchliche Wort für Abfall oder Kehricht war früher nur im nord- und mitteldeutschen Raum gebräuchlich. Das mittelniederdeutsche *mül* hingegen gehört etymologisch zur Wortgruppe *mahlen* und meint »lockere Erde, Schutt oder Staub«. Und wie schon das halbe Mühlrad im Wappen der Stadt signalisiert, leitet

[7] *Grimmelshausen, Hans Jakob Christoffel von, Der abenteuerliche Simplicissimus Teutsch, fünftes Buch, Kapitel Xf.*

[8] *Ebd. fünftes Buch, Kapitel XI.*

sich der Müll in Müllheim also vielmehr von den Müllern der Stadt ab (vgl. *Maulburg*).

In einer Schenkungsurkunde vom 27. Oktober 758 taucht Müllheim erstmals als *villa Mulinhaimo* auf. Der Name bezieht sich auf alte Wassermühlen, zu althochdeutsch *mulī*, *mulin*, ein Begriff, der wiederum aus dem spätlateinischen *molina* (Wassermühle) abgeleitet ist.

Das anheimelnde *-heim* der Markgräfler Metropole bezeichnet wie bei den meisten Bildungen mit diesem Grundwort (vgl. *Bleichheim*, *Blodelsheim*) seit grauer Vorzeit den Wohnort des- oder derjenigen, mit dem der vorangestellte Namenbestandteil verbunden wird. Der Wohnort als *-heim* ist schon im Althochdeutschen gebräuchlich. Auch der Gote kehrte nach des Tages Mühen gern in sein *haims* (= Dorf) zurück. Der Engländer schätzt sein *home* wie sein *castle* und die Schweden hausen wie die alten Sachsen im *hem*. Auch in anderen indogermanischen Sprachen ist die Sprachwurzel zu Hause. Das altpreußische *caymis* geht wie das litauische *kaima* und das griechische *kome* auf die indogermanische Wurzel **kei-* = »liegen«, »Lager« zurück.

Zum Glück gar nicht vermüllt: der Marktplatz von Müllheim.

Die Länge macht's

Wer Mumpf nicht kennt, wird sich entweder gar nichts, oder aber, je nach Temperament und Phantasie, gleich ganz viel darunter vorstellen können.

So wie Michael Ende beispielsweise, dessen Mumpf im Sumpf sich wiederum nicht vorstellen kann, dass außerhalb seines Teiches so seltsame Geschöpfe wie die Menschen leben könnten. Doch das tun diese durchaus, unter anderem auf der anderen Seite des Rheins, gleich gegenüber Bad Säckingen, nämlich in Mumpf und Obermumpf. Mumpf, »'s Dorf, wo mer gfallt«, wie die Eidgenossen ihre Ortschaft liebevoll umschreiben, erstreckt sich über eine Länge von fast zwei Kilometern in einem Engpass mit gerade mal 200 Metern Breite zwischen dem Rhein und den Steilhängen des Tafeljura. Schon während der Bronzezeit war die Gegend besiedelt, wie verschiedene Funde belegen.

Das zwei Kilometer südlich davon gelegene Obermumpf im Fischingertal wurde als *Obermumphier* 1302 in einem Verzeichnis des Bistums Basel erwähnt. Auf dem nahegelegenen Mumpferfluh hatten die Römer im vierten Jahrhundert einen Beobachtungsposten zur Sicherung der Nordgrenze errichtet. Dieser Berg dürfte zudem für den Namen verantwortlich sein. Denn das so putzig verballhornte Mumpf stammt wahrscheinlich von der lateinischen Bezeichnung *ad montem ferri* ab, was »beim Eisenberg« bedeutet.

Andere Quellen verweisen auf lateinisch *ad montem firmum*, was wiederum »beim beständigen Berg« heißt. Wie auch immer. Der beständige Berg jedenfalls ist geblieben, nachdem die Römer längst ab- und die Helvetier eingezogen sind in die fruchtbaren Täler rund um den Mumpferfluh.

Vom Märtyrerschauplatz zum malerischen Idyll: Das Kloster Sankt Trudpert im Münstertal blickt auf eine lange Geschichte zurück.

Von Monstern und Mördern

Von einem Münster ist im gesamten Münstertal weit und breit nichts zu sehen. Weithin sichtbar und ebenso bekannt dagegen ist das Kloster Sankt Trudpert, das als solches einen ersten Hinweis auf den Namensbestandteil Münster gibt. Kloster heißt im Lateinischen *monasterium*, das im Mittelhochdeutschen zunächst zum *monster* mutierte, sich dann aber bald zu *munster* beziehungsweise neuhochdeutsch *Münster* umbildete.

Das Kloster wurde um 604 von dem irischen Missionar Trudpert gegründet. Dessen wohl nicht immer segensreiches Wirken dauerte allerdings nur drei Jahre. Denn Trudpert scheint nicht nur ein gottesfürchtiger Mönch, sondern auch ein recht ungeliebter Arbeitgeber gewesen zu sein. Der allzu gestrenge Gottesdiener jedenfalls wurde im Jahr 607 seiner harten Herrschaft wegen von seinen Knechten kurzerhand mit einer Axt im Schlaf erschlagen. Die Axt ist heute noch auf dem Altarbild in der linken Hand des Heiligen zu sehen.

Seine Benennung verdankt das Münstertal allerdings nicht dem nicht vorhandenen Münster, sondern vielmehr einem nicht mehr existierenden Städtchen gleichen Namens. Um das Jahr 900 wurde unterhalb der Abtei zum Schutz des Klosters und aufgrund des lukrativen Abbaus von Silbererz am Schauinsland die Bergbaustadt *Münster* gegründet. Die aufblühende Ortschaft wurde 926 von den Ungarn erstmals niedergebrannt, bald darauf aber wieder aufgebaut. Diesmal komplett mit Mauern, Toren und Stadtgraben, um einer erneuten Brandschatzung nicht länger wehrlos ausgeliefert zu sein. Der wachsende Wohlstand durch das offensichtlich florierende Geschäft mit dem Silber hatte wohl auch Begehrlichkeiten in der Nachbarschaft geweckt. Im vierzehnten Jahrhundert jedenfalls gerieten die Herrschaften von Münster und St. Trudpert mit den Bürgern Freiburgs in Streit. Bei dem Konflikt ging es vor allem um die Schürfrechte an den Silbererzvorkommen im Münstertal. Darüber hinaus entbrannte der Streit mit den Freiburgern auch über uneingelöste Pfandsummen und Besitzrechte, die aus gefälschten Urkunden abgeleitet wurden. Zudem hatten die hiesigen Münsteraner wohl auch keine Hemmungen, durchreisende Kaufleute zu entführen und Lösegeldforderungen zu stellen.

Im Jahr 1346 dann hatten die Freiburger die Faxen dicke und entsandten ein Söldnerheer über den Schauinsland ins Münstertal, das die Stadt samt der zugehörigen Burg Scharfenstein verwüstete. Den letzten Rest gab der Stadt eine infolge des Angriffs und der Zerstörung der Stadtbefestigung ausgelöste Überschwemmung.

Heute lassen nur noch ein paar verkohlte Balkenreste und die eng bebaute Besiedlung des Ortsteils Münster erahnen, dass unterhalb des Klosters einst ein florierendes Gemeinwesen bestanden hatte.

Neue Burgen und felsige Berge

In einer Fälschung aus dem 12. Jahrhundert wird die Gründung Nimburgs als *Niwnburch* auf das Jahr 977 verlegt (vgl. *Köndringen*). Die erste gesicherte Datierung geht auf einen Ort namens *in loco Nuemburc* im Jahr 1052 zurück. Als *Niumbourch* wird Nimburg 1191 erwähnt, weiter sind die Schreibweisen *Nuemburch*, *Nouimburc*, *Nuinburg*, *Nuenburc*, *Niuinburg*, *Nunburg*, *Newenburg* und *Nümburg* überliefert.

Einen Hinweis auf die Bedeutung des Namens gibt die lateinische Bezeichnung *Novum Castrum* in einer Urkunde aus dem Jahr 1161, danach bedeutet der Name Nimburg also nichts weiter als *Neue Burg*.

Die erwähnten Namenformen wie *Nuenburc* oder *Nümburg* lassen womöglich auch eine Verbindung mit der nicht unwesentlich bekannteren Stadt Nürnberg in Bayern vermuten. Doch hier täuscht die Namenähnlichkeit. Die Herkunft von Nürnbergs Namen ist zwar umstritten, hat aber gleichwohl nichts mit einer »neuen Burg« zu schaffen. Vielmehr wird vermutet, dass Nürnberg (*Norenberc* 1050) auf das mittelhochdeutsche *knur* = »Fels, Klippe« und dessen mundartliche Variante *Nörr*, *Nürn* = »Fels« zurückgeht und somit als *Felsberg* gedeutet wird.

Die Bergkirche in Nimburg.

Nonnenweier

Nicht ist's mit der Nonne im Bade

Nonnenweier – nicht, dass da Phantasien von badenden Nonnen aufkommen. Der Weier war früher mal ein Weiler, irgendwann im Laufe der Jahrhunderte hat er wohl sein »l« verloren. Der Name Nonnenweier leitet sich nach der ersten Nennung (die allerdings eine Fälschung sein soll) im Jahre 845 von *Nunnenwilre* ab. Daraus wurde erst *Nunnenwiler*[9] *villa* (14. Jahrhundert), *Nonnenwiller* (1414), *Nunnenweyler* (1426), bis es schließlich zu *Nonnenweier* wurde.

Das *Nunnenwilre*, das Kaiser Lothar im Jahr 845 dem Frauenkloster St. Stephan zu Straßburg geschenkt haben soll, ist auch in heutiger Zeit noch ein *Weiler der Nonnen*, wie die korrekte Übertragung des Namens lauten würde. Nach einer wechselvollen Geschichte gelangte das Dorf in den Besitz des Reichsfreiherrn Jakob Samson von Rathsamshausen, der sich im Jahre 1750 ein Sommerschloss im französischen Stil errichtete. Dieses ging 1851 in den Besitz des evangelischen Diakonissenhauses Nonnenweier über und ist heute mit 70 Beschäftigten im Bereich Sozialpädagogik und Altenbetreuung der größte Arbeitgeber in Nonnenweier.

Nordschwaben

Wo Schwaben an ihre Grenzen stoßen

Ganz im Süden der Republik, unweit von Rheinfelden nahe der Schweizer Grenze, gibt es ein kleines, landwirtschaftlich geprägtes Dorf mit dem paradoxen Namen Nordschwaben. Man

[9] *Ein nunnenwîler findet sich nebenbei gesagt auch im Mittelhochdeutschen und bezeichnet nichts anderes als den Schleier, den eine Nonne trägt (von wîle, wîl = Schleier).*

könnte nun darüber spekulieren, dass im ehemaligen Herzogtum Schwaben (gegründet 917 n. Chr.) das Schwabenländle sich immerhin von Cannstatt bis nach Norditalien hin erstreckte und aus dieser Perspektive betrachtet das Rheinknie eher nördlich anzusiedeln wäre. Anfang des 12. Jahrhunderts taucht erstmals die Bezeichnung *Nortsuuaben* auf. Die erste urkundliche Erwähnung fand Nordschwaben als *Nortswaben* allerdings erst 1267, also über zweihundert Jahre später. Interessant ist, dass in anderen Quellen dieser Ort schon einige Jahrzehnte früher, 1185 n. Chr., auch *Ortswaben* genannt wurde. Das lässt vermuten, dass als namengebendes Bestimmungswort der *Ort* in Frage kommen könnte, das im Mittelhochdeutschen auch in der Bedeutung von Ecke oder Spitze zu finden ist. Das Grundwort *-swaben* dürfte hingegen auf den Personennamen *Swab* oder *Schwebi* zurückzuführen sein. Die Schreibweise mit *Ort* taucht laut der Kreisbeschreibung des Landkreises Lörrach allerdings erst wieder im 17. Jahrhundert als *Ortschwaben*, mundartlich *Orrschwobe*, auf. Für die Rheinfelder Archivarin Sabine Diezinger ein Indiz dafür, dass Nordschwaben seinen Namen doch eher seiner – relativ gesehen – nördlichen Lage am Rheinknie verdankt. Jedoch, so tief auch in der Vergangenheit gegraben wird, man fördert meist nur eine Gewissheit zutage: »Nichts Genaues weiß man nicht«, so Diezinger.

Seit jeher Fernverkehr

Norsingen zeichnete sich seit jeher durch seine verkehrsgünstige Lage aus. Schon zu Beginn unserer Zeitrechnung führte eine römische Fernstraße durch die Gemarkung Norsingens, die in etwa dem Verlauf der heutigen B 3 folgte. Auch im Mittelalter verlief durch Norsingen ein wichtiger Handelsweg, wovon

Liegt äußerst verkehrsgünstig – seit über 2000 Jahren: Norsingen.

noch der alte Name *Norsinger Tor* für das Freiburger Martinstor Zeugnis ablegt.

Die erste urkundliche Erwähnung Norsingens ist für das Jahr 1285 belegt, 1352 findet sich die Bezeichnung *Norsingun*. Der Name soll auf einen nicht näher fassbaren *Norso* zurückzuführen sein, wobei *Norso* als Koseform eines mit *Nord*- zusammengesetzten Personennamens anzusehen sei.

Norsingen gehörte, soweit das anhand der Urkunden nachweisbar ist, ursprünglich dem Kloster Sankt Gallen, kam aber später als Lehen an die Herren von Staufen. Als deren letzter Spross 1602 verstarb, fiel Norsingen wieder an Sankt Gallen zurück. Der finale Abgang der Herren von Staufen liest sich in den Breisgauer Archiven von 1602 so: »als durch tödtlichen abgang weilund herren Georg Leo freiherren zuo Stoufen alß des letsten seines mannlichen stammens dem gottshauß sant Gallen das dorf Norsingen sambt hoher und niderer oberkhaitt und zuogehörd apert worden und aigenthümblich haimgefalls ist.«

Im Zuge der Gemeindereform wurde Norsingen am 1. Oktober 1974 zu Ehrenkirchen eingemeindet.

Allen Wechselfällen des Lebens zum Trotz – eines ist den Norsingern über alle Jahrhunderte hinweg geblieben: die verkehrsgünstige Lage.

Von der Wurzel her

Oberried, die »langgestreckte Ortschaft mit häufendorfartigem Kern am Südrand des breiten Oberrieder Tals und einer straßendorfartigen Erweiterung ins Bruggatal« (Landesarchiv Baden-Württemberg, leo-bw), fand das erste Mal im frühen 12. Jahrhundert als *vicus Obirrieth* (*vicus*, lat. = Dorf, Gehöft) anlässlich adliger Schenkungen an das Kloster St. Peter in den Urkunden Erwähnung.

Für die Herkunft des Ortsnamens braucht man nicht allzu tief zu graben, das mittelhochdeutsche *riet*[-gras] steht wie heute auch noch (*Ried* beziehungsweise niederdeutsch *Reet*) für Schilfrohr, Sumpf, Moor oder Riedgras. Hingegen lohnt es sich durchaus, den – sprachlichen – Wurzeln dieses Riedgrases nachzuspüren.

Wie manch ein Einwohner von Reute, Kollmarsreute (vgl. dort), Reutlingen oder Bayreuth und vielen anderen verwandt klingenden Orten vielleicht wissen mag, stammt der Namensbestandteil *-reute* von dem heute nur noch vereinzelt im süddeutschen Raum gebräuchlichen Verb *reuten*, das die Urbarmachung eines Geländes durch Beseitigung von Bäumen und Sträuchern, also »roden«, meint. In diesem *reuten* klingt übrigens auch heute noch eine Sprachwurzel nach, die mit dem Verb »ausrotten« die eher rustikale Radikalmethode zur Urbarmachung unwegsamen Geländes meint. Da die Rodung für die im Mittelalter zunehmende Besiedelung naturgemäß von im wahrsten Sinne des Wortes grundlegender Bedeutung war, hat sich in der Namenkunde eine eigene Kategorie dafür herausgebildet, die der

Rodungsnamen, zu denen neben den genannten Beispielen auch *-roth*[*e*], *-rath*, *-greith* oder das schweizerische *rhüti* gehören.

Wo die Schäflein säuberlich getrennt sind

Die Gemeinde Bötzingen am Kaiserstuhl kann sich rühmen, einen Ortsteil namens Oberschaffhausen auf seiner Gemarkung zu beherbergen. Aber wieso gerade Oberschaffhausen – schaffen da nur die Oberschaffer? Und wie haben sie es geschafft, alle anderen Schaffer abzuschaffen? –, denn von einem Unter- oder Niederschaffhausen ist weit und breit nichts zu sehen. Das bekannteste Schaffhausen fällt aus der Reihe, das liegt am Rheinfall in der Schweiz und leitet seinen Namen wiederum vom angeblich mittelhochdeutschen Wort *sceph* für Schiff ab, was auf die Schifffahrt am Rhein verweist.

Im Allgemeinen begegnet man am Kaiserstuhl Schiffen eher weniger, hingegen Schafen durchaus. Denn *Scafhusen*, wie Oberschaffhausen 1147 zum ersten Mal in einer Urkunde genannt wird, dürfte seinen Namen dem althochdeutschen *scaf* für Schaf zu verdanken haben. Eine spätere Eintragung aus dem Jahr 1284 nennt den wolligen Grasfresser explizit bei seinem vertrauten Namen: »zem nehern Schafhusen, das da Friburg neher lit.« Dieses Schafhausen wird in weiteren Urkunden noch unter den Schreibweisen *Schoffhusen*, *Schauffhausen*, *Schaffhusen*, *Schoffhusun* aufgeführt und war in der Vergangenheit auch deshalb bemerkenswert, da es auf kleinstem Raum in einen altbadisch-evangelischen und einen vorderösterreichisch-katholischen Teil dies- und jenseits des Weges gespalten war. Man kann also füglich behaupten, dass in Schafhausen die Schäflein einst säuberlich getrennt voneinander hausten. Von wegen Integration und so …

Von Oftman zu Hoffmann

Das zu Ehrenkirchen gehörende Dorf wird erstmals auf gut Lateinisch als *villa que dicitur Ofmanningen* im Jahr 1139 erwähnt. Dann, irgendwie süß, als *Hoffmenninchen* in einer päpstlichen Bulle aus dem gleichen Jahr. Weitere Varianten sind *Ophimenningen*, *Ofmaeningen*, *Offnathingen*, *Offemeningen*, *Offinanningen* und viele weitere Namenvariationen.

Wie meist bei Ortsnamen im süddeutschen Raum, die auf *-ingen* enden, ist der Name auf den Personennamen eines alemannischen Stammesgründers zurückzuführen. In diesem Fall auf einen *Ofman* oder *Oftman*.

Natürlich ließe sich im Fall *Ofman* auch eine namenherkunftliche Verbindung zu dem bekannten Namen *Hofmann* denken. Der Name Hofmann stammt aus dem schlesischen Raum und ist dort der am häufigsten vorkommende Berufsname. Er bezeichnete einen Bauern, der als Hof-Mann verpflichtet war, ein Gehöft zu bestellen oder zu verwalten. Namentlich für eine solche Verbindung könnte zumindest als kleines Indiz die schon angesprochene Namenvariante *Hoffmenninchen* sprechen.

Die Kirche in Offnadingen.

Panoramablick auf Pfaffenweiler vom Batzenberg aus.

Wo Pfaffen sich zum Affen machen

Eine etymologische Herleitung von Pfaffenweiler dürfte sich eigentlich erübrigen. Allerdings scheint der Ortsname von Pfaffenweiler – aus welchen Gründen auch immer – schon recht früh zu Entstellungen und Verballhornungen eingeladen zu haben. In Urkunden aus dem Spätmittelalter finden sich Schreibweisen wie *Phaphenwiler* (1267), *Phaffenwiler* (1298) oder *Phfafenwiler* (1341). Bevorzugt in der Walpurgisnacht vom 30. April auf den 1. Mai sehen sich finstere Gestalten alljährlich dazu ermutigt, ihr eher kirchenfernes Unwesen zu treiben. So auch in dieser Nacht im Jahr 2007, als sich etwelche böse Buben erfrechten, mit gelber Farbe die beiden ersten Buchstaben auf dem Ortsschild zu übersprühen... Die Gemeinde hat schnell reagiert, es dauerte nur wenige Tage, bis ein neues Ortsschild angebracht war.

Der Pfaffe übrigens ist dem lateinischen *papa* = Vater entlehnt und wurde im Unterschied zum asketischen Mönch als Bezeichnung für einen sogenannten Weltgeistlichen verwendet. Seit der Reformation wandelte sich der Pfaffe in der Bedeutung eines römisch-katholischen Würdenträgers zu einer eher abfälligen Bezeichnung.

Das Suffix *-weiler* ist ein Grundbestandteil vieler Ortsnamen. Es ist ein Lehnwort aus der Zeit der Merowinger und aus dem mittellateinischen *villare* (der Hof) übernommen. *Villare* wiederum ist auf das lateinische Adjektiv *villaris* (zum Landgut gehörig) und letztendlich auf das Substantiv *villa* (Landhaus) zurückzuführen.

Rustikal gerodet

Wie bei den vielen anderen Reutes in Deutschland auch ist der Name auf das heute ungebräuchliche Verb *reuten* zurückzuführen, das auf das Roden eines Geländes hinweist. Wie schon an anderer Stelle erwähnt (vgl. *Oberried*), verweist die Sprachwurzel zu *reuten* im wahrsten Sinne des Wortes methodisch auf sich selbst, indem unerwünschtes Gestrüpp und Gesträuch unwiderruflich und radikal (lat.-frz.: = »an die Wurzel [*radix*] gehend«) ausge*rottet* wird.

Funde von Steinklingen in der Gemarkung Reutes lassen eine Besiedelung bereits zur Jungsteinzeit ab 5700 vor unserer Zeitrechnung erkennen. Die Kelten hinterließen zwei hallstattzeitliche Grabhügel (750 bis 450 v. Chr.), und natürlich haben auch die Römer schon zu Beginn unserer Zeitrechnung hier ihre Spuren hinterlassen. Im Jahr 773 wurde die Siedlung erstmals im Lorscher Codex als *Reuden* urkundlich erwähnt. Bei dieser Schreibweise handelt es sich um eine Pluralform, was darauf hindeutet, dass mehrere Flurstücke auf der Gemarkung gemeint sein könnten. Spätere Nennungen für Reute lauten *Ruthin* (993), *Ruthtin* (1008), *Ruti* (1008) und *Rutim* (1179), *Ruthi* (1247), *Rüti* (1292) und *ze Rüti* (1343). Während die dokumentierten Quellen vor 1147 sich nicht zwingend auf eine Ortschaft oder Ansiedlung beziehen müssen, wird Reute in einer Urkunde aus dem Jahr 1147 erstmals eindeutig als Ortschaft identifiziert. Darin bestätigt Papst Eugen III. ausdrücklich, einen Hof (*curtis*) in *Ruithin* zu haben.

Rheinhausen

Von unten nach oben zum Rhein

Rheinhausen taucht als *Niederhusun* zum ersten Mal im Jahr 861 in den Archiven auf. Oberhausen wird erstmals 1455 als *Obernhusen under Kenczingen gelegen* genannt. Von *zway Husen die dorffer*, also Nieder- und Oberhausen, ist 1343 in den Breisgauer Archiven die Rede. Doch der fruchtbare Lössboden ließ Menschen auch schon vor 7000 Jahren in diesem Gebiet siedeln, wie entsprechende Funde im Gewann Rebbürgerfeld nahelegen. Diese ersten Siedler, die von Ackerbau und Fischfang lebten, zählen übrigens zu den ersten Bauern überhaupt, die durch archäologische Funde in Mitteleuropa nachgewiesen sind. Durch die exponierte Lage an den Flussläufen des Rheins und der Elz waren die beiden Dörfer in ihrer Geschichte des Öfteren verheerenden Überschwemmungen ausgesetzt. Erst die Rheinregulierung durch Tulla und die Kanalisierung der Elz im 19. Jahrhundert setzten dem ein Ende.

Die ehemalige Brauerei Riegeler am Ufer der Elz in Riegel.

Der Namensbestandteil -*hausen* mit der Bedeutung »bei den Häusern« ist auf das althochdeutsche *hus* zurückzuführen, das wiederum von der indogermanischen Wurzel [*s*]*keu* (bedecken, umhüllen) stammt.

Die beiden Dörfer Oberhausen und Niederhausen sind längst zu einer einzigen Siedlung zusammengewachsen und firmieren seit der Vereinigung vom 1. Mai 1972 als Rheinhausen.

Allen Regeln gerecht

Entgegen möglicherweise weitverbreiteter Gerüchte ist der Name der Gemeinde Riegel nicht von den Erzeugnissen der dortigen Brauerei abgeleitet, die seit der Jahrtausendwende an die Fürsten zu Fürstenberg in Donaueschingen übergegangen ist. Das Gebiet der Gemeinde Riegel hat eine über 7000-jährige Siedlungsgeschichte aufzuweisen, also bis in eine Zeit hinein, da vermutlich noch nicht einmal Met getrunken wurde. Im Jahr 2001 wurden in Riegel Goldmünzen aus keltischer Zeit gefunden, die auf das 2. Jahrhundert vor Christus datiert werden konnten. Vor allem aber war Riegel vom 1. bis 3. Jahrhundert als römische Siedlung *Rigola* bekannt, wie schon das Stadtwappen, ein mit grünem Lorbeer bekränzter Römerkopf in Gold auf blauem Grund, beweist. Der Name *Rigola* lässt sich aus dem lateinischen *regula* ableiten, was sich bis ins heutige Deutsch als »Regel« erhalten hat. In römischer Zeit bezeichnete die *regula* außerdem einen Rechts- und Amtsbezirk.

Als *Rigola* ist Riegel urkundlich erstmals 762 erwähnt, später finden sich die Bezeichnungen *villa Reigola*, *Regol*, *Righol*, *Rieggol*. Ebenso wird Riegel auch als *castrum Riegol* oder als *villa Regigula* bezeichnet. In einer Quelle aus dem Mittelalter (1336) ist Riegel auch als »Ryegel die vesti und das dorf und gemeinlich alles so darzu höret, als es die herschaft von Üsenberg hat het braht« beschrieben. Interessant ist auch die um das Jahr 990 wiederholt genannte Form *Regale*, das hier nichts mit Ikea zu tun hat, sondern im frühmittelalterlichen Latein (*ius regale*, auch *iura regalia*) die königlichen Sonderrechte bezeichnet, die der Souverän an den Gütern und sonstigen Wertschöpfungsketten eines Landstrichs beansprucht. Als Beispiel hierfür gelten das Salzregal, das Zollregal, das Marktregal oder das Bergregal.

Andere Quellen verweisen in Bezug auf die *Regale* auf ein angeblich lateinisches Wort für Wassergraben oder Abzugskanal, welches wiederum auf die besondere Lage Riegels am Zusammenfluss von Elz und Dreisam hinweisen könnte.

Leise rieselt die Sch…

Leise rieselt der Schnee – hoch droben im Schwarzwald eine im Winter durchaus alltägliche Erfahrung, die im klimatisch deutlich milderen Freiburg allerdings eher eine Ausnahmeerscheinung sein dürfte. Von daher ist die Vorstellung, dass sacht fallender Schnee den namengebenden Anstoß für das Freiburger Rieselfeld gegeben haben könnte, zwar hübsch, aber falsch. Und ebenso sicher ist auch, dass das Rieselfeld seinen Namen keiner vornehmen römischen Herkunft verdankt wie beispielsweise das Nördlinger Ries, das nach der Provinz *Raetia* benannt wurde.

Auch andere mögliche Herleitungen sind nicht unbedingt zielführend. So kennt die einschlägige Literatur zwar durchaus noch das *Riesl* als »ursprüngliche Bezeichnung für Kühe mit gesprenkeltem Fell (1954 in Bernau verbürgt)«. Saftige Weiden mit zufrieden grasenden Kühen darauf lassen sich ehemals im Freiburger Westen auch durchaus vorstellen, das *Riesl* bezieht sich allerdings weniger auf die Kuh selbst, sondern auf deren

Flecken, und tritt auch gelegentlich in der Bedeutung von »Sommersprossen« oder von »Schmutzflecken« auf. Und anrüchigerweise schlägt sich exakt im Sinne von Schmutzflecken die wahre Herkunft dieses Namens nieder.

Alles Gute kommt von oben: Zum Glück rieselt über das Rieselfeld nichts Verdächtiges.

Die Erklärung ist so einfach wie profan: Rieselfelder sind nichts anderes als Anlagen zur Reinigung von Abwässern. Die jüngere Freiburger Stadtgeschichte weiß, dass 1891 die Stadt im Westen ein 500 Hektar großes Gelände erworben hatte, um die Abwässer der damals auf über 50 000 Einwohner angewachsenen Stadt zu klären.

Erst 1985 wurde der Betrieb der »Kläranlage Rieselfeld« eingestellt, da sie ihre Aufgaben ohnehin nicht mehr erfüllen konnte. 1992 dann wurde der »Städtebauliche Wettbewerb Rieselfeld« ausgeschrieben und 1996 die ersten Wohnungen bezogen, deren Abwässer aber anderweitig entsorgt und geklärt werden.

Sachsen und Ottos

Sasbach gibt es gleich zweifach im süddeutschen Raum. Da ist zum einen das von der Sonne verwöhnte Winzerdorf Sasbach am Kaiserstuhl und zum anderen die nicht minder reizvolle Gemeinde Sasbach bei Achern, die sich ihren Namen zudem mit dem benachbarten Obersasbach und Sasbachwalden teilt. Und natürlich mit dem Bach Sasbach.

Für das Sasbach in der Ortenau finden sich als historische Schreibweisen: *Sazbach*, *Sahspach*, *Sachsbach*, *Sachspach*, *Saspach*, *Saßsbach*, *Sachßbach*, *Sahenspach*. Die Siedlung Sasbach bestand vermutlich schon um 750 an der ehemaligen Römerstraße, die das Lager Straßburg mit Baden(-Baden) verband. Erstmals urkundlich erwähnt wird Sasbach als *villa Sasbach* im 12. Jahrhundert im Schenkungsbuch des Klosters Reichenbach.

Auch für das Kaiserstühler Sasbach findet sich schon 839 in einer Urkunde die heute noch gebräuchliche Schreibweise: *fiscus cuius vocabulum est Sasbach*. Auch hier gibt es später verschiedene Schreibarten: *Sahspah* (886), *Sahsbach* (887), *Sahsbahc* (990). Allen Varianten gemein ist, dass die Sasbachs auf den Personennamen *Sahso* zurückgeführt werden. Und dieser Herr *Sahso* zeigt schon in seinem Namen, wessen Herkunft er ist: Sachse nämlich. Das germanische Substantiv *sahs* (altisländisch *sax*) ist die Bezeichnung für ein einschneidiges Schwert, das als Waffe der ältesten Sachsen bezeugt ist. Ursprünglich war mit dem *sahs* ein Steinschwert gemeint, das eine sprachliche Verwandtschaft mit dem lateinischen *saxum* (Stein, Fels) nahelegt. Ob diese Namengleichheit allerdings bedeutet, dass beide Sasbachs auch tatsächlich von einem Sachsen gegründet wurden, darauf deutet außer der Namenähnlichkeit sonst nichts weiter hin. Die Sasbacher selbst legen Wert auf die Feststellung, dass Sasbach als Sitz eines großen Kirchensprengels zu den früh besiedelten Orten königlich-fränkischen Ursprungs gehört.

Die Kaiserstühler Sasbacher können ihre Siedlungsgeschichte sogar bis in die Zeit der Römer zurückverfolgen, wie die Reste eines Kastells am benachbarten Limberg bezeugen. Und Sasbach am Kaiserstuhl war auch nicht ganz unbeteiligt an dem einprägsamen Namen dieses erloschenen Vulkans: Am 22. Dezember im Jahre 994 n. Chr. hielt der Ottonenkönig Otto III. in Leiselheim bei Sasbach einen Gerichtstag ab (vgl. *Totenkopf*), was zum Anlass genommen wurde, den ganzen Gebirgszug zum *Königsstuhl* zu ernennen. Nach der Krönung Ottos III. 996 zum Kaiser wurde daraus konsequenterweise der *Kaiserstuhl.*

Kein Witz

Alemannische Gräberfunde am Batzenberg weisen auf eine frühe Besiedlung bei Scherzingen hin. So lässt sich auch vermuten, dass es ein alemannischer Stammesführer namens *Scherzo* oder *Scartizo* gewesen sein muss, der dort eine Siedlung gegründet hat.

Für das Schnapszahl-Jahr 1111 wird Scherzingen das erste Mal in einer Urkunde erwähnt, aus welcher zu entnehmen ist, dass der Dorfadel in Gestalt von *Geroldus de Scercingen* daselbst zugange war. 1279 ist von einem *Luekart von Scherzingen* die Rede; 1311 werden die *Wernhers von Stoufen* erwähnt, 1394 ein »edelkneht Cuonen von Valkenstein« – also die Herren von Staufen und Falkenstein. Zwischen 1492 und 1822 gehörte Scherzingen zu Pfaffenweiler. Das dörfliche Bild ist durch Häuser im altfranzösischen Stil geprägt, da wegen der Französischen Revolution sich nicht wenige Franzosen hierhergeflüchtet und niedergelassen haben.

Bei einem anderen Flüchtling, der sich in Scherzingen niedergelassen haben soll, handelt es sich um eine Verwechslung. Der Radprofi Jan Ullrich siedelte 2002 von Merdingen nach Scherzingen am Bodensee über – in die Schweiz.

Scherzos Siedlung war kein Scherz: Scherzinger Impressionen.

Schlatt

Mit allen Wassern gewaschen

Nicht mit allen Wassern gewaschen, aber zumindest mit dem der heimischen Lazariterquelle getauft waren bis ins 18. Jahrhundert hinein die Schlatter. Bis dahin war es nämlich Brauch, alle Neugeborenen in das als heilkräftig geltende Wasser der Quelle zu tauchen und somit zu taufen. Diese innige Verbindung Schlatts zum Wasser schlägt sich selbst im Namen nieder. So ist es kein Zufall, dass *Schlatt* die niederdeutsche Bezeichnung für einen Heideweiher ist, »ein abflussloses Gewässer meist geringer Tiefe« (Wikipedia) – vulgo: eine große Pfütze.

Auch etymologisch betrachtet ist Schlatt nah am Wasser gebaut. Der Name soll sich vom althochdeutschen *slâte* = Schilfrohr ableiten lassen, welches bekanntlich stets am oder im Wasser anzutreffen ist. Darauf deuten auch die ältesten belegten Schreibweisen hin, die für Schlatt in den Urkunden zu finden sind: *Slatha* im Jahr 1122, *Slatta* 1152 oder *Slât* 1282, aus welchem 1301 dann *in Schlatte* wurde.

Möglich wäre aber auch eine Verbindung mit dem Adjektiv *slaht*, das im Sinne von »einem Geschlecht angehörend«, »geartet« (*geslaht* beziehungsweise *ungeslaht*) verstanden wurde. Als »ungeschlacht« findet sich letzterer Ausdruck zuweilen auch heute noch in der deutschen Sprache.

Darüber hinaus kennt die Wortfamilie zu *slaht* auch das Verb *slahen* (= töten, schlachten) und hiervon abgeleitet das starke Femininum *slaht*, das für Schlacht oder Schlachtung steht. Als Schlachtfeld ist Schlatt glücklicherweise nicht in die Geschichte eingegangen. Hingegen ist es gut möglich, dass Schlatt seinen Namen letztlich der Tatsache verdankt, dass hier früher der ortsansässige Metzger zu finden war.

Als ob das der Deutungsmöglichkeiten nicht genug wären, wird für den Teilort Schlatt am Randen (Hilzingen/Singen) zudem

■ *Die Kirche Sankt Sebastian in Schlatt.*

auf die Möglichkeit einer Herleitung aus der weitverzweigten Wortfamilie zu *slac*, *slag* für »Schlag« verwiesen. Der Lexer, das Standardwörterbuch für das Mittelhochdeutsche, nennt in diesem Zusammenhang eine »zum Holzschlage bestimmte od. durch Holzfällen gelichtete, urbar gemachte Waldstelle: *ain slag*«.

Gar nicht so schlecht

Lebt man wirklich so schlecht in Schlechtnau, wie der Name es vielleicht vermuten lässt? Jeder Schlechtnauer wird vehement widersprechen und an die idyllische Tallage inmitten des oberen Wiesentals erinnern. Hinsichtlich der Namengebung führt der ehemalige Ortsvorsteher Josef Ehmer jedenfalls den Schlehdorn an, dem der Ort seinen Namen verdanke. Im Jahre 1301 taucht er erstmals urkundlich als *Slehtlop* auf, 1352 dann als *Slechtloub* und 1536 als *Schlechtnaw*, bis schließlich *Schlechtnau* daraus wurde.

Weniger wohlmeinende Autoren behaupten hingegen, dass Schlechtnau seinen Namen sehr wohl von der Bedeutung »schlecht« habe, und verweisen auf die Nordlage der ehemaligen Weideberge links und rechts des Tales, die erst durch mühselige Arbeit, durch Auflesen und Zusammentragen von Steinen in Gemeinschaftsarbeit nutzbar gemacht werden konnten. Daneben sollte auch nicht der Umstand vergessen werden, dass sich nur einige Kilometer weiter südlich ein Städtchen mit dem vielversprechenden Namen Schönau findet, ebenso wie ein Schönenbuchen und ein Schönenberg.

Was auch immer der Grund für die wenig schmeichelhafte Benennung Schlechtnaus gewesen sein mag, in jedem Fall dürfte es keine schlechte Idee sein, mal einen kleinen Abstecher zu diesem kleinen Schwarzwalddorf zu machen.

Wilde, öde Gegend

Der Weiler Schupfholz unweit von Vörstetten, umgeben von Feldern und einem kleinen See, dürfte heute nicht mehr viel mit dem Schupfholz gemein haben, in welchem »her Abrecht von Valkenstein« seinen Hof »ze Schupfholz ze eime erbe Berhtolde dem Noler (= Nagelschmied?)« verliehen hatte, wie aus den Breisgauer Archiven aus dem Jahr 1295 hervorgeht.

Den ersten Siedlern, die sich hier niedergelassen haben, hatte sich ein anderes Bild von der Landschaft geboten. Von üppig bewachsenen Feldern und lieblichen Seen keine Spur, die Gegend um Schupfholz erinnerte die Ur-Schupfholzer wohl eher an eine garstige Einöde.

Das altdeutsche *scoph*, auf das das Präfix im Ortsnamen zurückgeht, bedeutet nämlich genau dies: wilde, öde Gegend, Einöde.

Die erste urkundliche Erwähnung erfolgte 1276 in der Schreibweise *Schuphholz.* Weitere Nennungen lauten auf *Schupholce* (circa 1300), *in Verstetter banne by Schupffholtz* (1455), und *ad Schupfholz* (1371).

Diese relativ frühen Nennungen sind auch ein Hinweis darauf, dass das *Schupf* etymologisch gesehen nichts mit dem alemannischen Schopf für Schuppen zu tun hat. Letzterer ist nämlich erst im 17. Jahrhundert als niederdeutsches mundartliches Lehnwort ins Hochdeutsche eingewandert. Die sprachliche Herleitung des zum Schuppen mutierten Schopfs hinwiederum ist insofern eine haarige Angelegenheit, als der Schopf auf eine indogermanische Wortwurzel zurückgeführt werden kann, die »Büschel« bedeutet. Das Dach eines Schopfes (althochdeutsch *scuft*) war zu früheren Zeiten mit Büscheln von Stroh bedeckt, und so kam auch der mal mehr, mal weniger naturgegebene Kopfschmuck des Menschen zu seinem Namen.

Der Hassprediger auf dem Scheiterhaufen

Seppen beziehungsweise Seppel kennt man gemeinhin eher aus Bayern. Aber ein Seppenhofen findet sich in ganz Deutschland nur mitten im Schwarzwald. Das südlich von Löffingen gelegene Dorf Seppenhofen fand erstmals im Jahr 1122 in einer Streitschlichtungsurkunde des Erzbischofs Bruno von Trier in Zusammenhang mit einem

Idyll statt Inquisition: Seppenhofen heute.

Biccho de Seppinhovin Erwähnung. 1277 wird ein *Heinrich von Seppenhofen* genannt, um 1360 taucht die Schreibweise *Seppenhoven* auf und 1364 wird *ze Eppenhoven* erwähnt.

Kriegers Topographisches Wörterbuch des Großherzogtums Baden leitet den Seppen von »Hof des Seppo« ab und vermerkt, dass Seppo »dialektisch für Sippo = Sippe« stehe, also mithin nichts mit der allgemein bekannten volkstümlichen Koseform des Vornamens Joseph zu tun habe.

Von vielleicht nicht nur historischem Interesse ist die verbürgte Geschichte, dass im finstersten Mittelalter, zur Zeit der Hexenverfolgungen, in Seppenhofen ein Fürstlich Fürstenbergischer Stabhalter gelebt hat, der viele Mädchen und Frauen der Inquisition überantwortete. Letztlich fand aber auch dieser Hassprediger seine gerechte Bestrafung: Unter der Folter sagte eines seiner Opfer gegen ihn aus – und der Hexenhetzer endete selbst auf dem Scheiterhaufen.

Von den Reizen der Natur

Sexau – Hand aufs Herz, wer denkt da nicht an wilde Wald-und-Wiesen-Orgien inmitten frühlingsduftender Auen? An einen ebenso verschwiegenen wie verrufenen Ort, ein Eldorado der Sinne, bei dessen Nennung sich unweigerlich die ausgefallensten Vorstellungen entzünden? Doch weit gefehlt. Auch wenn unbestreitbar ist, dass die unmittelbaren Assoziationen, die sich bei diesem altehrwürdigen Namen einstellen, nicht immer ganz jugendfrei sein dürften, so hat die Herkunft des Namens Sexau nur am Rande mit der menschlichen Fortpflanzungstätigkeit zu tun.

Die Au ist schnell erklärt. Eine Au in einem Ortsnamen weist eigentlich immer auf ein von einem Gewässer umflossenes Land

Liegt zwar sehr schön, hat aber wenig mit Erotik zu tun: Sexau.

hin (vgl. *Au*). Mit dem Sex dagegen ist es nicht ganz so eindeutig. Das Gemeindearchiv von Sexau verweist auf eine Urkunde aus dem frühen Mittelalter. Darin ist zu lesen, dass um das Jahr 860 n. Chr. der Kaiser Ludwig der Deutsche seinem Sohn Karl unter anderem das Königsgut Sexau schenkte, damals *Secchosouna* genannt. Es verschweigt aber wohlweislich, wer oder was dieses *Secchosouna* eigentlich war. Albert Kriegers Topographisches Wörterbuch des Großherzogtums Baden gibt als etymologische Erklärung für den Namen Sexau die Au eines gewissen *Sacoini* an. Ebenfalls, ohne eine nähere Erläuterung zu geben. Dafür finden sich in besagtem Werk aus dem Jahr 1893 viele weitere Ableitungen von Sexau wie *Secchosowa*, *Sexowe*, *Secksöwe*, *Sexauwe*, *Segsow*. Oder im schönsten Mittelhochdeutsch: »die griene (Ufer) ze de usserin Sexöwe bi der Elzah.« Und sicherlich auch nicht gerade hilfreich wäre es, jetzt noch die sechs Eicheln im Wappen Sexaus für einen etymologischen Erklärungsversuch heranzuziehen. So bleibt Sexau eben, was es ist – ein Name, der immer wieder zu allerlei Spekulationen Anlass gibt.

Zu Hause lauert der Tod

Äußerste Vorsicht ist angesagt beim Gewann Siehdichfür (= »Sieh dich vor!«) unweit des Städtchens St. Georgen im Schwarzwald. Die Siehdichfür-Höhe liegt direkt an der alten Weinstraße nach

Rottweil (K 5531). Vor nicht allzu langer Zeit stand an dieser Stelle das Gasthaus »Hirschen«, das nach einem Brand nicht mehr aufgebaut wurde. Das Gasthaus hatte nicht immer den besten Ruf, so mancher Wanderer soll hier schon abgestiegen und dann auf Nimmerwiedersehen spurlos verschwunden sein. Eine der finstersten Legenden hatte unlängst der »Südkurier« ausgegraben. Nach dem Bericht hatte vor langer Zeit ein Sohn der »Hirschen«-Wirtin in der Fremde viel Geld verdient. Als der junge Mann nach langen Jahren wie einst Odysseus inkognito in der Herberge seiner Eltern um ein Zimmer nachsuchte, erkannte die Wirtin nicht ihren Sohn, sondern lediglich den prall gefüllten Geldbeutel des jungen Mannes, den sie an sich reißen wollte. Sie entwickelte einen grausamen Plan: Gleich in der ersten Nacht flößte sie dem ihr unbekannten begüterten Gast siedendes Öl in den Rachen. Unter Todesqualen brachte der noch röchelnd über die verbrannten Lippen: »Mutter, du hast deinen Sohn umgebracht.« Seither soll auf dem Gasthaus ein finsterer Fluch lasten. Kein Wunder also, so dachte man, dass der »Hirschen« schließlich ausgebrannt ist und abgerissen werden musste.

Der gezähmte Löwe

Nicht unbedingt ein Buch mit sieben Siegeln ist die Herkunft des Namens der malerisch in einer Talaue gelegenen Gemeinde Siegelau, das erstmals 1251 als der Sitz eines *Henricus de Sigilnowe* urkundlich erwähnt wurde. Seither hatte der Name Siegelau einige Umformungen erfahren müssen. Nach zähem Gerangel zwischen Kastel- und Schwarzenbergern übernahmen 1315 die Schwarzenberger das Dorf. 1341 wird Siegelau in einer Besitzurkunde aus dem Kloster Waldkirch zu *Siegelati* und 1350 gar zum *Sigellöwe*, der ein paar Jahre später 1364 offenbar ganz handzahm wieder zu *Sygelaw* gemacht wird. Als weitere Varianten sind 1356 *Sigelow* und 1473 *Siegellouw* zu finden (beide wieder in Urkunden des Klosters Waldkirch). In den Breisgauer Archiven taucht 1545 dann die Schreibweise *Sigellow* auf und 1565 *Sigelaw*, worin ein weiteres Mal der Schwarzenburger Besitzanspruch eindeutig geklärt wird und, weil's so schön ist, auch ausführlich zitiert sei: »(...) die vorstliehen ober- und herlichait, hagen und jagen im Sigelaw und im Sienspach gehördt der herschaft Schwartzenburg.«

Nachdem sich der aufgewirbelte Archivstaub gesetzt hat, ist aber immer noch nicht hinreichend geklärt, worin der Ursprung des Namens *Siegelau* zu finden ist. Mangels eindeutiger Hinweise haben sich die Namenforscher darauf geeinigt, dass ein gewisser *Sigilo* den Grundstein für das erste Anwesen in der Talaue am Siegelbach gelegt haben muss und Siegelau von daher die *Au des Sigilo* ist.

Arme Bauern und andere Tagelöhner

Für Verwirrung sorgen hin und wieder nordeuropäische Autofahrer, deren Navigationsgeräte den bekannten österreichischen Skiort Sölden im südlichen Breisgau verorten. Zwar ist in strengen Wintern das Skifahren auf den bis zu 732 Meter hoch gelegenen Ausläufern des Schönbergs beziehungsweise des Schwarzwaldes

■ *»Bei den Hütten der Tagelöhner«: in Sölden.*

durchaus möglich, auf Annehmlichkeiten wie Skilift und mit Flutlicht beleuchtete Loipen wird der verirrte Skitourist jedoch vergeblich hoffen.

Sölden im Hexental wird im Jahr 805 zum ersten Mal urkundlich als *Marca Selidon* erwähnt. 860 ist eine *villa Selidon in pago Brisgowe* in den Archiven zu finden. Weitere Nennungen und Schreibweisen lauten *Seldon*, *Selda*, *Sildon*, *Saldon*, *Seldun*, *Selden*, *Seilden*, *Seyldan*, *Seylden*, *Sardon*. Von den Namenforschern wird der Name mit dem althochdeutschen Femininum *salida* in Verbindung gebracht, welches das Haus oder vielmehr die Hütte eines Tagelöhners beziehungsweise eines einfachen Bauern bezeichnet. In Bayern wird unter einer *Sölde* oder *Selde* der Hof eines *Söldners* verstanden. Mit Söldnern waren früher nicht zwingend freiberuflich tätige Soldaten gemeint, sondern der Söldner ist die auch heute noch in Bayern und Österreich gelegentlich gebräuchliche Bezeichnung für einen Kleinbauern, der sich als Tagelöhner etwas hinzuverdienen muss.

Sölden wird von den Namenforschern demnach als »bei den Hütten der Tagelöhner« beziehungsweise »bei den Bauernhütten« gedeutet. Wer diese Tagelöhner allerdings waren und für wen sie gearbeitet haben, ist wiederum ein ganz anderes Thema.

Saufen in Staufen

Unser Staufen südlich von Freiburg hat nichts mit dem Stauferkönig Friedrich I. »Barbarossa« zu tun, wie vielleicht manch einer versucht wäre zu vermuten.

Vielmehr handelte es sich bei den hiesigen Herren von Staufen um ein süddeutsches Adelsgeschlecht, das im Breisgau beheimatet war und nicht mit den Hohenstaufern bei Göppingen verwandt ist. Als erster Herr von Staufen wird 1111 ein gewisser

Vom Weinkelch zum Weinberg: der kegelförmige Burgberg, gekrönt von der Burg Staufen.

Adalbert von Staufen genannt. Eines jedoch haben beide Geschlechter gemeinsam: eine Burg auf einem markanten, kegelförmigen Berg. Und diesem verdanken Staufen wie Hohenstaufen auch ihren Namen.

In den Urkunden wird Staufen im Breisgau zum ersten Mal am 16. April 770 im Lorscher Codex als *in pago Brisgowe in villa Staufen* erwähnt, ein paar Jahre später auch in der Schreibweise *Stoufen*. Weitere Varianten sind *Stouphen*, *Stopfen*, *Stoephen*, *Stophin*, *Stoufin*, *Stoupfen*, *Stoffen* oder *Stouffen*.

Das mittelhochdeutsche *stouf* oder *stauf* hat die in diesem Zusammenhang wenig überraschende Bedeutung von einem hochragenden Felsen beziehungsweise einer Erhebung.

Durchaus bemerkenswert hingegen ist die ursprüngliche Begriffsbestimmung des Maskulinums, das sich aus dem alten gemeingermanischen *staupa* entwickelt hatte. Unter einem *stauf* verstand der mittelalterliche Recke nämlich zuvörderst einen

Kelch oder Becher (*ein stauf weins*), wovon im Übrigen auch die Becher im Wappen Staufens hinlänglich Zeugnis ablegen. Die markante Form des Burgbergs erinnerte die künftigen Herren zu Staufen an einen umgedrehten Becher, weshalb sie ihrem Domizil und letztlich sich selbst diesen Namen verliehen.

Der Gedanke, aus einem umgestülpten Weinkelch einen üppig gedeihenden Weinberg zu machen, stellt die Dinge auf denkbar konstruktive und lebensbejahende Weise auf den Kopf.

Sumpfohren

Kein Sumpf, sondern Kiefern

Dass Wände Ohren haben können, hat man schon einmal gehört. Dass eine solche anatomische Absonderlichkeit auch auf Sümpfe zutreffen soll, ist hingegen allenfalls ein haltloses Gerücht von enger lokaler Bedeutung. Das Dorf Sumpfohren bei Hüfingen ist denn auch weder mit Sümpfen noch mit Ohren in Verbindung zu bringen.

In einer Tauschurkunde des Klosters St. Gallen wurde bereits am 14. Februar 883 eine *villa nuncupata Sunphorran*, ein Landhaus namens *Sunphorran*, erwähnt. In späteren Einträgen aus dem 14. und 15. Jahrhundert wird *Sunphorran* dann zu *Sumpforren*, *Sumphorn*, *Suntphoren* oder *Sompforren*. Die Vorsilbe *Sun-* beziehungsweise *Sum-* oder *Som-* lässt sich auf das althochdeutsche *sundar* (= südlich) zurückführen, in der auch noch im Mittelhochdeutschen und in manchen Dialekten in Form von *sunne* die Sonne scheint. Und mit dem zweiten Namensbestandteil *-pforren* ist natürlich Pfohren gemeint, das sich hinwiederum von der Föhre, also der Kiefer, ableitet und wörtlich *Stätte bei den Föhren* bedeutet. So ist Sumpfohren also der Ort, der südlich von Pfohren beziehungsweise von den Kiefern liegt.

Am frostigen Busen der Natur: Winterstimmung am Titisee.

Nichts für Spanner

Titisee – wer hier an barbusige Badefreuden denkt, liegt am falschen Gewässer, obschon sich in den Archiven die Schreibung »Tittensee« durchaus als Variante finden lässt. Im Jahr 1326 vermerkte ein Archivar Liegenschaften »an dem sewe, der da haisset der Tittense«. Auch die Formen *Tuttysee* oder *Tuttiß See* sind für das 15. Jahrhundert belegt. Die erste urkundliche Nennung ist auf das Jahr 1111 datierbar, wo der *lacus* (= See) *Titunse* in den Archiven Erwähnung findet. 1150 taucht die Schreibung *Titinse* auf. In dieser Form meinen Sprachforscher den schwachen Genitiv der Personennamen *Dido* oder *Didi* ausmachen zu können, die hinwiederum Kurzformen für Personennamen sind, die aus *Diet-* beziehungsweise dem altdeutschen *Diot-* (= Volk) gebildet wurden (z. B. Dieter oder Dietrich). Dafür spricht auch die Schreibweise *Dittensee*, die 1265 in den Archiven genannt wird. Dass allerdings mit *Dido* die gleichnamige mythische Königin von Karthago gemeint sein könnte, braucht hier nicht näher ausgeführt zu werden. Der Opernfreund sei an Henry Purcell verwiesen, der Literaturliebhaber an Vergil.

Um den recht alten Namen ranken sich noch weit abenteuerlichere Zuschreibungen. Einer zufolge soll der römische Feldherr Titus während eines Germanien-Feldzugs hier sein Lager aufgeschlagen und vor lauter Begeisterung dem See seinen Namen verpasst haben. Diese Legende war für den ansässigen Bootsvermieter zumindest Grund genug, auf einem einer römischen Galeere nachempfundenen Ausflugsboot Rundfahrten anzubieten. Eine andere Legende erzählt von einem gewissen Herrn Titini (Italiener?), der im 12. Jahrhundert dort gejagt haben soll. Schlussendlich wird noch der Aronstab genannt, der früher in der Region unter der Bezeichnung Tittele bekannt war. Heutzutage findet sich diese Pflanze am Titisee allerdings höchstens noch im örtlichen Blumenhandel.

Totenkopf

Wo die Köpfe rollen

Wo heute der Wanderer nach steilem Aufstieg ermattet sein Haupt auf grüne Wiesen bettet, sollen in den finsteren Zeiten des Mittelalters die Köpfe nur so gerollt sein. So jedenfalls geht die Legende vom *Totenkopf*, der mit 557 Metern höchsten Anhöhe des Kaiserstuhls.

Dieser nun wahrhaft majestätischen Erhebung wird zumindest durch mündliche Überlieferung nachgesagt, dass sie einstmals Schauplatz von Enthauptungen gewesen sein soll. Am 22. Dezember im Jahre 994 n. Chr. hielt der Ottonenkönig Otto III. in Leiselheim bei Sasbach (vgl. dort) einen Gerichtstag ab. Der mit vierzehn Jahren für damalige Verhältnisse zwar schon volljährige, aber vielleicht doch noch nicht ganz mündige König habe bei dieser Gelegenheit wohl seine Mannbarkeit unter Beweis stellen wollen und als Ergebnis davon auf ebendiesem *Totenkopf* die Köpfe rollen lassen.

Als dieser reizende König dann zwei Jahre später, im Mai 996, zum Kaiser gekrönt wurde, soll der Kaiserstuhl zu seinen Namen gekommen sein. Urkundliche Belege für den Namen

Der Legende nach Schauplatz blutiger Ereignisse: der Totenkopf.

Kaiserstuhl gibt es allerdings erst seit 1304 als *Keiserstuol.* Im Jahre 1333 findet sich eine Notiz über den Bau einer Peter-und-Paul-Kapelle in einem gewissen *sede imperiali.* In diesem Zusammenhang wird der »Sitz des Kaisers« jedoch eher bildlich auf Form und Größe des Berges bezogen.

Von Hügeln und Haufen

Das Dorf Tunsel wird in einer Urkunde zum ersten Mal im Jahr 860 als *villa tonsol* erwähnt, der zufolge drei Freileute ihren gesamten Grundbesitz dem Benediktinerkloster Sankt Trudpert im Münstertal vermachten.

Spätere Nennungen im 11. und 13. Jahrhundert kennen die Varianten *Tounul*, *Tonsul*, *Tonol*, *Thausul* und *Donssel.* Über die

Herkunft des Namens ist nicht viel bekannt, das baden-württembergische Landesarchiv *www.leo-bw.de* spekuliert vielsagend über eine vorgermanische Herkunft des Namens. Das »Oberdeutsche Flurnamenbuch« von 1880 wird da konkreter und verweist für die alemannische Variante *Dunsel* auf die romanokeltische Bezeichnung *dunicelli* für Hügel. Von diesen keltischen Hügeln leitet der Verfasser im Übrigen auch das Wort für Düne ab – wofür die heutige Etymologie allerdings eine ganz andere Herleitung aus dem Mittelniederländischen kennt.

Dass der *Dunsel* in einem ehemals ostdeutschen Raum auch als Synonym für Dummkopf, Tollpatsch bekannt ist, trifft natürlich nur für Sudetendeutsche und Preußen zu. Zumindest dem bekannten Preußen Immanuel Kant war der *Dunse*[*l*] als Begriff für jene »verschatteten Gelehrten« (*doctores umbratici*) bekannt, zu denen er sich in einem Brief an Christian Garve selbst gerne zählen lasse, wenn es ihm nicht gelänge, »die Einsicht weiter bringen [zu] können, an deren Bearbeitung freilich der geschmacksvollere Theil des Publici keinen Antheil nehmen wird«. Wie so oft dürfte der streitbare Gelehrte auch hier recht behalten haben.

Doch zurück vom fernen Preußen in heimische Gefilde. Denn auch hier lassen sich eventuell Einsichten finden, die helfen mögen, Licht ins Dunkel der Namenforschung zu bringen.

Ohne den Tunslern zu nahe treten zu wollen, mag es in Anbetracht der grundlegenden existentiellen Bedeutung, die die Landwirtschaft für die Besiedelung eines Gebietes seit eh und je hat, nicht uninteressant sein, sich den mittelhochdeutschen Begriff *tungsal* für Mistgrube (dungsel) in etymologischer Hinsicht genauer anzusehen. Aus der möglicherweise rein zufälligen Ähnlichkeit in Klang und Schrift allerdings Schlüsse auf die Namensherkunft von Tunsel zu ziehen, dürfte hingegen ein gewagtes Unterfangen sein. Zumindest den Tunslern wäre es nicht zu verdenken, eine solche unüberlegte semantische Zuschreibung als das zu bezeichnen, was sie womöglich auch ist: nämlich Mist!

Tutos Feld

Das Gebiet um Tutschfelden war dank seiner exponierten Lage auf dem Rücken eines Lösshügels schon in frühgeschichtlicher Zeit bewohnt, wie römische und alemannische Funde nahelegen.

Im Jahr 972 wurde Tutschfelden das erste Mal in einer Urkunde des Klosters Einsiedeln als *Tuttesvelda in pago Brisikewe* erwähnt. Weitere Nennungen sind 1139 *Mortunagia curtis Tutsvelt*; 1178 erscheint der Name als *Tusfelt*; 1289 als *curtis Tuzswelt* (*curtis* [lateinisch] ist der Königshof). In der Form *Tutschfelden* taucht der Ortsname das erste Mal 1514 in einer Urkunde auf und wird 1525 folgendermaßen charakterisiert: »Tutschfelden ist markgreffisch, hat sunst nit me dan ein man der in herschaft Kirnberg gehört.«

Mag Tutschfelden auch sonst nicht viel (gehabt) haben, sein putziger Name ist allemal einer näheren Betrachtung wert: Das *-feld* in Tutschfelden ist ein Grundwort germanischer Siedlungs- und Flurnamen, leitet sich aus dem mittelhochdeutschen *velt* ab und bezeichnet – wer hätte es gedacht? – eine »offene Fläche, Ackerfeld«. Für den *Tutsch* berufen sich die Namenforscher auf alte Personennamen wie *Tuto*, *Tutilo*, oder *Thioto*. Demnach lässt sich der Name als *Tutos Feld* deuten. Mehr über die durchaus wechselvolle Geschichte Tutschfeldens erfährt man auf der Homepage des dorti-

■ *Die evangelische Kirche in Tutschfelden.*

gen Heimatvereins: http://www.heimatverein-tutschfelden.de/tutschfelden.htm

Vörstetten

Weit und breit

Das Gebiet des durch seine schönen Fachwerkhäuser aus dem 18. Jahrhundert bekannten Dorfes Vörstetten wurde schon vor 7000 Jahren bewohnt. Ausgrabungen lieferten auch Hinweise auf eine frühalemannische Siedlung aus dem 4. und 5. Jahrhundert. Das Dorf selbst wird erstmals 993 in einer Schenkungsurkunde als *Verstat* genannt, dann 1008 *ad Werstetten*, im selben

■ *Fachwerkidyll entlang der Freiburger Straße in Vörstetten.*

Jahr auch *Ferstete*. Eine *villa Verestat* wird Anfang des 13. Jahrhunderts erwähnt. Weitere Namenvarianten sind *Versteten, Verstetten, Verenstetten* und *Verstettin*. Wobei die letztgenannte Schreibweise ganz nebenbei den Namen der ehemals deutschen Stadt Stettin an der Oder erklärt: Der Siedlungsname Stetten beziehungsweise Stettin ist der Dativ Plural zum Namensgrundwort *statt*, er bedeutet *bei den Stätten* und taucht in vielen Verbindungen auf (zum Beispiel *Ehrenstetten*). Mehr Rätsel wirft der erste Namensbestandteil von Vörstetten auf. Das von manchen Namenkundlern ins Spiel gebrachte mittelhochdeutsche *vere* für Fähre scheint in Anbetracht der geografischen Lage Vörstettens eher unwahrscheinlich, der Mühlbach scheidet als schiffbares Gewässer wohl eher aus. Historiker sind sich daher weitgehend darüber einig, dass der Name auf eine Siedlungsstätte hindeutet, die vom Altsiedelland aus betrachtet in der Ferne lag, in einer sich weithin ausdehnenden Niederung. Nach dieser Erklärung könnte das Präfix von Vörstetten auf das mittelhochdeutsche Adverb *verre* (= weitum) zurückzuführen sein. Auch die Verbindung mit dem mittelhochdeutschen *wer, were* für »Kampf« oder »Verteidigung« wäre denkbar, wie die urkundliche Schreibweise *ad Werstetten* aus dem Jahr 1008 nahelegt.

Von Wagen, Wassern und Wiegen

Auch wenn Wagenstadt stolz das Bild eines (halben) Rades in seinem Wappen führt, so hat dieser Stadtteil von Herbolzheim dennoch nichts mit Wagen, Wagenbau oder Wagnern zu tun. Zumindest rein namenkundlich gesehen.

Die ersten Besiedlungsspuren auf dem Gebiet Wagenstadts finden sich im Frühmittelalter. Während der sogenannten Landesausbauphase zwischen dem sechsten und dem achten Jahrhundert ist die Stätte zwischen dem Bleichfluss und den Lösswänden des »Weißen Raines« entstanden und zu einem Dorf mit heute etwa 1000 Einwohnern herangewachsen.

Wie so oft weiß man nichts Genaues über die Herleitung des Namens. Allgemein wurde bisher ein Bezug zu einem alemannischen Sippennamen *Wago* hergestellt. Diese Sippe des *Wago* ließ sich aber ansonsten nirgends festmachen.

Wahrscheinlicher ist da schon die mögliche Herleitung aus dem althochdeutschen Wort *wag*, auch *wak*, mittelhochdeutsch *wác*, das so viel wie »fließendes Wasser« bedeutet. Im Neuhochdeutschen findet sich dieses alte Wort übrigens noch in *Woge*. In diesem Zusammenhang wäre Wagenstadt die Stätte am fließenden Wasser, also am Bleichbach. Denkbar wäre natürlich auch eine Verbindung mit einem ganz besonderen Wasser, das auch weit über Wagenstadt hinaus bekannt ist: das Wagenstadter »Pflümewässerli«.

Nicht verschwiegen sei auch das althochdeutsche *waga* (= Bewegung), das in einer Nebenbedeutung auch als Bezeichnung für »Wiege« benutzt wurde und somit natürlich auch eine exzellente Namensherleitung abgeben würde.

Waldkirch

Im Wald und auf der Insel

Es ist nicht wirklich überraschend, dass die ersten Kirchen Waldkirchs einmal mitten im Wald standen. Im siebten bis achten Jahrhundert existierten oberhalb des Eingangs zum Hugenwaldtunnel die Kirchen St. Peter und St. Martin. Wie aus berufenem Munde von des Torwächters Gattin Barbara Kern zu erfahren war, zeugt heute noch ein einfaches Kreuz bei den Peterhöfen von einer ehemaligen Kirche. Die erste urkundliche Erwähnung Waldkirchs bezieht sich aber auf die Gründung des Frauenklos-

Noch immer ist der Wald nicht weit: *Panoramablick auf Waldkirch.*

ters St. Margarethen im Jahr 918, das keinem Orden zugehörte. Kaiser Otto III. ernannte 994 das Kloster zum Reichskloster. Damit einher ging die Bestellung eines Schirmvogtes. 1112 wurde dies Conrad von Waldkirch, der auf dem Schwarzenberg seine Burg baute und damit die Dynastie der Schwarzenberger begründete. Diese ließen zwischen 1280 und 1290 unterhalb des Klosters an der Durchgangsstraße Richtung Schwaben die »neue Stadt« bauen, der sie am 8. August 1300 das Stadtrecht verliehen.

In den Urkunden schlägt sich »die Kirche im Wald« in vielerlei Variationen nieder: so 926 als *villa Waltchirecha* für das Kloster St. Margarethen. Weitere Varianten sind *Waltchilicha* im Jahr 1111, *Waltkilche* 1112, *Waltkilicha* 1113, *Walkirche* oder *Waltchilk* 1264. Weiter tauchen auch die Formen *Waltkylch*, *Valtkilch*, *Waltkylche*, *Waltkilchen*, *Walckilch*, *Waldtkyrch* auf, bis endlich 1663 ein Kupferstecher mit dem auch heute noch in der Reiseliteratur klangvollen Namen Matthäus Merian die Stadt beim heutigen Namen nennt: »Waldkirch ligt in einer insul, so das wasser Eltz machet« (Topographia Alsatiae).

Neben den Ruinen der Kastelburg und der Schwarzenburg gab es im Stadtgebiet noch die abgegangene Küchlinsburg und die Kyffelburg. Von beiden ist nichts mehr erhalten, was nicht weiter verwundert, leitet sich doch der Name Kyffelburg von *kiffeln* beziehungsweise dem mittelhochdeutschen *kibelen* ab, was »schelten, zanken, keifen« bedeutet.

... heißt Weil, weil ...

Weil heißt Weil, weil Weil – ja, warum Weil? Weil im Weiler Weil weiland die Weiler weilten? Weil in Weil es sich besonders schön verweilen lässt? Weil Weil für eine Weile Kurzweil alleweil gut ist?

Weil die Wortspiele mit Weil mittlerweile ausgereizt sind, hier nun ein paar Fakten. Dem Online-Auftritt des landeskundlichen Informationssystems für Baden-Württemberg (www.leo-bw.de)

■ *Die Dreiländerbrücke bei Weil am Rhein.*

kann entnommen werden, dass im 18. Jahrhundert als Wappen der Gemeinde ein Rebmesser und die Initiale W galten, »*weilen* ihr mehrerste Arbeit in denen Reeben ist«. Das Rebmesser im Wappen wurde 1811 durch eine Weintraube ersetzt, wohl weil Weil seit jeher vom Weinanbau geprägt ist. In den Urkunden taucht Weil erstmals im Jahr 786 als *in Willa* auf. *Wile* wird Weil 1246 genannt, *Will am Schlippfe*[10] 1344, *Weyll an der Wysen* 1574. Laut dem Topographischen Wörterbuch von Albert Krieger soll der Name auf *wîl*, *wîlare* zum althochdeutschen *wîlon* (= sich aufhalten, bleiben) zurückzuführen sein. Plausibler, weil gerade im südbadischen Raum die Römer zahlreiche Siedlungen entlang einer Fernstraße gegründet hatten, dürfte aber die Verbindung zum lateinischen *villa* (Gehöft, Landgut) sein als die Ableitung aus dem Althochdeutschen. Zumal die Alemannen erst um das Jahr 260 nach der Erstürmung des Limes hier eingefallen und seither auch geblieben sind. Ein starkes Indiz für die römische Abkunft dürfte auch im schon erwähnten Weinbau zu finden sein, der in unseren Breiten von den Römern eingeführt wurde. Der gemeine Germane hingegen bevorzugte statt des edlen Rebensaftes bekanntlich den nicht minder berauschenden Met.

Wetten, dass ...?

Das »locker bebaute Reihendorf mit leiterförmigem Straßennetz«, wie Wettelbrunn in Baden-Württembergs landeskundlichem Internetauftritt *www.leo-bw.de* anschaulich beschrieben ist, wird seit einigen Jahren pünktlich zum »Fasnetsamschdig«

[10] *Gemeint ist der Schlipf, die volkstümliche Bezeichnung für den Tüllinger Berg bei Weil, der seinem »schlüpfrigen« Namen mit einem verheerenden Erdrutsch nach vierwöchigem Dauerregen im Jahr 1758 alle Ehre machte.*

unter großem Getöse aus seinem Dornröschenschlaf gerissen. Dann nämlich fallen mehr als 1000 Hästräger aus sämtlichen Zünften der näheren und weiteren Umgebung in das Dorf ein, um bei einem farbenfrohen Umzug die deutlich in der Unterzahl verbliebenen Einwohner Wettelbrunns das Fürchten zu lehren. Dabei kann die Gegend um Wettelbrunn ohnehin auf eine lange Reihe von historischen Einmärschen zurückblicken, wie Gräberfelder aus der Zeit der Merowinger belegen.

Wettelbrunn taucht in den Urkunden erstmals als *Wetilbrunnen* oder *Wetelbrunnen* Anfang des 12. Jahrhunderts auf. Der Name wird mangels sonstiger Quellen auf einen Personennamen zurückgeführt und als »Brunnen des Wettilo« gedeutet.

Ein Wettilo ist zumindest den Freunden des historischen Kriminalromans einer gewissen Josefa vom Jaaga vertraut, der belegte historische Begebenheiten aus dem Frühmittelalter mit erfundenen vermischt. Die Geschichte hat allerdings den kleinen Schönheitsfehler, dass sie im bayerischen Altenerding spielt – und damit doch einige beschwerliche und gefährliche Tagesreisen von Wettelbrunn entfernt.

■ *Hat auch mit Flüssigkeit zu tun: das Wappen von Wettelbrunn.*

Die etymologische Spur zu *Wettilo* hingegen führt über den mittelhochdeutschen *wette-louf* (= Wettlauf), von dem in mittelalterlichen Texten zumeist in Zusammenhang mit Pferden die Rede ist. So gesehen könnte es sich bei dem ominösen Herrn Wettilo gewissermaßen um einen Jockey aus dem Mittelalter gehandelt haben. In diesem Zusammenhang bietet sich natürlich auch die Verbindung mit *wettic, wettehaft* an, was »des Wettens schuldig« im Sinne von straffällig bedeutet, also unter Umständen einen Falschspieler meinen könnte.

In Zusammenhang mit einem Brunnen ließe sich allerdings auch eine sprachliche Verbindung aus dem althochdeutschen

Adjektiv *weta-* herstellen, das für »nass« steht und im Englischen als *wet* nahezu unverändert erhalten geblieben ist. Deutsche Verwandtschaften dazu finden sich in »Watt« oder »waten«.

Die »Wette« hat im Mittelhochdeutschen auch die Bedeutung von seichtem, stehendem Wasser, und die Pferde durch eine solche Schwemme zu reiten, nannte man *wetten*. Daher stammt auch der Begriff Rosswette, der hin und wieder als geografische Bezeichnung anzutreffen ist. So gesehen könnte es sich bei Wettelbrunn ganz einfach um eine oftmals überschwemmte Senke gehandelt haben, durch die hoch zu Ross geplanscht wurde.

Sei dem, wie es sei. Da bekanntermaßen das Glück dieser Erde auf dem Rücken der Pferde zu finden ist, scheint Wettelbrunn nicht der schlechteste Ort hierfür zu sein.

Wo die Vandalen hausten?

Die Gemeinde Winden windet sich entlang der Elz beziehungsweise der B 294 von Nieder- nach Oberwinden und gibt damit schon eine erste populärsprachliche Erklärung des Ortsnamens: Winden stamme von *sich winden*. Was eine schöne Erklärung, aber nicht unbedingt zutreffend ist.

Die erste urkundliche Erwähnung Windens findet sich in der schon mehrfach erwähnten päpstlichen Bulle von 1178, in der beide Orte als *wineden inferius et superius*, als das niedere und das obere Winden, genannt werden.

Für eine Erklärung des Namens sollte man sich noch andere Winden in Deutschland ansehen. So wird die Ortsgemeinde Winden in Rheinland-Pfalz auf die einstmals dort bestehende Siedlung »In den Weiden« zurückgeführt. Die Gemeinde Kreuzau in der Eifel kennt ein Winden, dessen Ortsname auf das lateinische *vinum* (= Wein) bezogen werden kann. Und natürlich sind auch Ableitungen in Zusammenhang mit Wind denkbar, wie es zum Beispiel bei der *Burg Windeck* (Bühl) – windige Ecke – zutreffen mag. Für das Dorf Winden in der Gemeinde Sinzheim bei Rastatt unterstellt die ältere Forschung eine Ortsgründung, die von verschleppten slawischen Kriegsgefangenen ausgegangen sein soll.

Doch die meisten »Winden« finden sich im tiefsten Osten Deutschlands wie in Eichstätt in Bayern oder in Österreich. Deren Namen lassen sich von dem Volksstamm der Windischen (Slowenen) ableiten, sagen die Forscher. Die Windischen wurden in der Geschichte oft mit den Wenden (Elbslawen) in einen Topf geworfen, die hinwiederum die Vandalen zu ihren Stammvätern zählen dürfen. Haben also im Elztal einst die Vandalen gehaust? Und haben sich gar windgeschützt unter Weiden dem Weingenuss hingegeben?

Fragen über Fragen. Um der Lösung dieses Problems näherzukommen, werden sich wohl noch einige Gehirne verzweifelt winden müssen.

Vom Verlöschen kleiner Lichter

»Wenn Wyhl nicht gebaut wird, gehen in Baden-Württemberg die Lichter aus« (Hans-Georg Filbinger). Nun, die ersten Siedlungen wurden in Wyhl schon vor über 2000 Jahren gebaut – das einzige Licht hingegen, das seither glanzlos verblasst ist, war das eines gewissen Ex-Ministerpräsidenten und NS-Marinerichters.

Die Geschichte lehrt, dass auch das stabilste Fundament eines wie auch immer gearteten Bauwerks den wechselvollen Zeitläuften nicht viel entgegenzusetzen hat. Gerade in Wyhl hat der Rhein durch seinen ebenfalls vielfach wechselnden Lauf und die damit einhergehenden Überschwemmungen und Verwüstungen die Ortschaft maßgeblich geprägt und verändert.

Die ersten Siedlungsspuren in der Gegend um Wyhl lassen auf eine keltoromanische Besiedlung schließen. Zum ersten Mal urkundlich erwähnt wird Wyhl im Jahr 994 als *villa Vvila* – womit auch schon die Herkunftsbezeichnung von Wyhl hinreichend geklärt ist. Der Name Wyhl ist nichts anderes als die eingedeutschte Form des lateinischen Landhauses, der Villa. Später wurde aus der Villa urkundlich je nach Schreibweise *Wilo*, *Wile*, *Wihl*, *Willer* oder *Wyl*. Ebenso lassen sich die Formen *Weyll* und *Weyhl* belegen, die sich später auch im allseits bekannten Weiler niederschlagen – und hart an der Grenze zur Schweiz in Weil am Rhein (siehe dort).

■ *Mehrere Tausend Kernkraftgegner demonstrieren im Jahr 1975 gegen den geplanten Bau des Atomkraftwerkes Wyhl.*

Yach

Jach? Iach? Eyach? Oder Üach?

Zumindest eines lässt sich über das Dorf in der Nähe von Elzach mit Gewissheit sagen: Es ist der einzige Ort in Deutschland, dessen Namen mit einem Ypsilon beginnt. Dieses Ypsilon wirft aber auch gleich die Fragen auf: Wie spricht man Yach eigentlich aus? »Jach?«, »I-ach?«, »Ü-ach?« oder wie? Wikipedia jedenfalls glaubt zu wissen, dass »die Einwohner des Elztales den Namen wie ›Ëich‹ aussprechen«. Nachfragen bei der Stadtverwaltung in Elzach können dies weitgehend bestätigen, als lautsprachliche Entsprechung käme am ehesten so etwas wie »Äich« infrage.

- *Nicht nur der Ortsname ist eine Besonderheit, Yach hat noch mehr zu bieten: zum Beispiel den sagenumwobenen Siebenfelsen.*

Der Name *Yach* findet erstmals im Jahr 1293 Erwähnung, der Ort selbst dürfte aber mit Sicherheit älter sein. Da Yach eine Namenverwandtschaft zu Eyach im nördlichen Schwarzwald aufweist, vermuten Namenforscher, dass sich der Name aus den althochdeutschen Worten *Ib* beziehungsweise *Iw* für den Baum »Eibe« und *aha* = *ach* für »Wasser« zusammensetzt, also »Eibenwasser« bedeutet. Yach ist zugleich der prähistorische (keltische) Flussname des durch ebendieses Dorf führenden Zuflusses vom Rohrhardsberg her.

Volksetymologisch erklärt sich übrigens das Ypsilon mit der geologischen Form des Tales, da sich südöstlich des Ortskerns die Taleinschnitte des Vorderen und Hinteren Zinkens in einem spitzen Winkel teilen und in Verbindung mit dem gleichnamigen *Yachbach* die Form eines Ypsilons bilden.

Hinter Zarten vor vielen Jahren

Nein, es ist nicht die reizvolle Anmutung des Dreisamtales, der Zarten, Hinterzarten und Kirchzarten ihren lieblichen Namen verdanken. Vielmehr waren es die Kelten, die die handfesten strategischen Vorteile des Dreisamtales zu nutzen wussten und schon in der Antike hier siedelten. Der griechische Geograph Ptolemäus erwähnte um 150 n. Chr. die keltische Befestigung *polis Tarodounon*. Der Name geht auf einen keltischen Personen- oder Flussnamen zurück und bedeutet so viel wie *Burg des Taros* beziehungsweise *Burg am Bache Taros* (keltisch *-dunum* = Burg). Nach einer im siebten Jahrhundert erfolgten Lautverschiebung im Althochdeutschen von »t« zu »z« wurde aus *Tarodounon* schließlich *Zarduna*. Als solches erscheint es im Jahr 765 in einer Urkunde in St. Gallen. Darin werden eine *villa Zarduna* und die *marcha Zardunensis* erwähnt, woraus allerdings nicht ersichtlich ist, ob damit Zarten oder Kirchzarten gemeint war.

Kirchzarten wird erstmals 1125 als *Kilizartun*, 1298 dann als *Kilzarten* erwähnt, später wurde daraus *Kylchzarten*, *Kilczarten* oder *Kilchzarten*. Von einem *Kiltzarter tal* ist 1344 die Rede. Ein *vogt zue Kürchzarten* taucht 1613 auf.

Das oberhalb des Höllentals gelegene Hinterzarten wurde 1554 in den Urkunden als *hinder der Straß in der Zartten* aufgeführt, woraus sich 1708 die Bezeichnung Hinterzarten bildete. Spätere Generationen fanden noch weitere Namenvarianten für

Hinterzarten. So waren es vermutlich Freiburger Studenten, die sich dazu veranlasst sahen, den Ortsnamen zu *Popo dolce* zu »italianisieren« …

Vom Zipfel zum Gipfel

Südlich von Oberried erhebt sich im Dreisamtal ein kleiner Berg mit dem schönen Namen Zipfeldobel. Der »Zipfel« bedarf da eigentlich keiner näheren Erläuterung, es genügt zu wissen, dass mit dem *zipf* schon im Mittelalter ein »spitzes Ende«, also ein Zipfel, bezeichnet wurde. Nicht ganz so offensichtlich dagegen präsentiert sich der *Dobel.* Ein Dobel, im Mittelhochdeutschen *Tobel,* bezeichnet einen Taleinschnitt, eine Schlucht. Und genau dieser Anblick präsentiert sich dem Wanderer auf dem 505 Meter hohen Zipfeldobel, von dessen Zipfel oben man in der Tat einen sehr schönen Einblick in das Bruggatal hat.

Das angesprochene mittelhochdeutsche Wort *Tobel* lässt natürlich Vermutungen aufkommen, ob die bekannte dreieckige Schweizer Schokolade Toblerone womöglich damit in Zusammenhang stehen könnte, zumal diese ja einen Berggipfel, vermutlich das Matterhorn, im Logo führt.

Dieser naheliegenden Vermutung allerdings widersprechen die Söhne des Schokoladenfabrikanten Theodor Tobler, dem Erfinder der Toblerone. Theodors Söhnen zufolge sollen es Tänzerinnen in einer Revue des Pariser Varietétheaters *Les Folies Bergère* gewesen sein, die den offensichtlich genussfreudigen Chocolatier zur Dreiecksform inspirierten. Besagte Tänzerinnen nämlich pflegten sich als Höhepunkt ihrer Darbietungen in ihren rot-creme-farbigen Kleidchen zu einer Pyramide zu formieren, was bei Herrn Tobler offensichtlich zu den süßesten Assoziationen Anlass gab.

■ *Zartes Landschaftsidyll: Blick vom Giersberg aus auf Zarten.*

Literatur

Aue, Hartmann von: Der arme Heinrich. Zitiert nach *gutenberg.spiegel.de/buch/1202/1*

Bahlow, Hans: Deutschlands geographische Namenwelt, Frankfurt am Main 1985.

Berger, Dieter: Duden – Geographische Namen in Deutschland. Herkunft und Bedeutung der Namen von Ländern, Städten, Bergen und Gewässern, Mannheim, Leipzig, Wien, Zürich 1999.

Buck, Michael Richard: Oberdeutsches Flurnamenbuch, Stuttgart 1880.

Debus, Friedhelm: Namenkunde und Namengeschichte, Berlin 2012.

Ersch, J. S.; Gruber, J. G.: Allgemeine Encyclopädie der Wissenschaften und Künste, Leipzig 1818–1889. Online unter *kefk.org/wissen/ersch.gruber.allgemeine.encyclopaedie.der.wissenschaften.und.kuenste.1818.1889*

Drosdowski, Günther; Grebe, Paul et al.: Duden – Das Herkunftswörterbuch. Die Etymologie der deutschen Sprache, Mannheim, Wien, Zürich 1963.

Ehrenkirchen erleben. Touristik-Information der Gemeinde Ehrenkirchen. Ehrenkirchen 2003.

Förstemann, Ernst: Altdeutsches Namenbuch – Ortsnamen, München, Bonn, Hildesheim 1913.

Gottschald, Max: Deutsche Namenkunde, Berlin 1982.

Grimm, Jacob; Grimm, Wilhelm: Deutsches Wörterbuch. Online unter *woerterbuchnetz.de*

Grimmelshausen, Hans Jakob Christoffel von: Abenteuerlicher Simplicius Simplicissimus, München 1975.

Heilig, O.: Die Ortsnamen des Großherzogtums Baden, Karlsruhe 1906.

Kluge, Friedrich; Seebold, Elmar: Etymologisches Wörterbuch der deutschen Sprache, Berlin 2011.

Köbler, Gerhard: Wörterbücher für Indogermanisch, Germanisch, Gotisch, Altnordisch, Altenglisch, Altfriesisch, Altniederfränkisch, Altsächsisch, Althochdeutsch, Mittelhochdeutsch und Mittelniederdeutsch. Online unter *www.koeblergerhard.de/wikiling*

Liebecke, Thomas: Onomastik. Namen und Namensbedeutung. Online unter *www.onomastik.com/on_ortsnamen.php*

Krieger, Albert: Badische Historische Kommission (Hrsg.): Topographisches Wörterbuch des Großherzogtums Baden (Bd. 1 und 2), Heidelberg 1904.

Kunze, Konrad: dtv-Atlas Namenkunde. Vor- und Familiennamen im deutschen Sprachgebiet. München 1998.

Landeskundliches Informationssystem für Baden-Württemberg. Online unter *www.leo-bw.de*

Lexer, Matthias: Mittelhochdeutsches Taschenwörterbuch, Stuttgart 1986.

Lexer, Matthias: Mittelhochdeutsches Handwörterbuch. Online unter *woerterbuchnetz.de/Lexer/.*

Merian, Matthäus; Zeiler, Martin: Topographia Alsatiae, Frankfurt am Main 1643/44, Waldkirch, S. 64–65. Online unter *de.wikisource.org/wiki/Topographia_Alsatiae:_Waldkirch*

Mummelsee-Sage. Zitiert nach *mummelsee.de/de/mummelsee.htm*

Ochs, Ernst; Müller, Karl Friedrich; Baur, Gerhard W. et al. (Hrsg.): Badisches Wörterbuch, 1925–2009.

Petershagen, Wolf-Henning: Die Wahrheit über Deppenhausen. Kuriose Ortsnamen in Baden-Württemberg. Stuttgart, Ulm 1999.

Schreiber, Aloys: Sagen aus den Rheingegenden, dem Schwarzwalde und den Vogesen. Heidelberg 1839.

Schwarz, Ernst: Deutsche Namenforschung II. Orts- und Flurnamen, Göttingen 1950.

Senf, Thomas (Hrsg.): Markgräflerland. Ferien- und Freizeitführer. Ausgabe 2010/2011, 2010.

Udolph, Jürgen; Fitzek, Sebastian: Professor Udolphs Buch der Namen. Woher sie kommen – was sie bedeuten, München 2007.

Danksagung: Mein besonderer Dank gebührt Peter Disch und Karl Heidegger, die mir freundlicherweise die Ausarbeitung ihrer Idee überlassen haben. Und natürlich allen Mitarbeitern und Mitarbeiterinnen der Gemeindeverwaltungen, die mir für meine Recherchen gern und profund Auskunft erteilten.

Omas Küchen
Traditionelle badische Rezepte

Omas Gärten

Öchsletouren
für Genießer: Baden